farsi un'**idea**

112.

I lettori che desiderano informarsi
sui libri e sull'insieme delle attività della
Società editrice il Mulino
possono consultare il sito Internet:

www.mulino.it

Pietro Pfanner   Mara Marcheschi

IL RITARDO MENTALE

il Mulino

ISBN 88-15-09860-7

Finito di stampare nel mese di aprile 2005 dalla litosei, via rossini 10, rastignano, bologna

Indice

Introduzione

> Che opera d'arte è l'uomo!
> Com'è nobile in virtù della ragione!
> Quali infinite realtà possiede!
> Com'è pronto e ammirevole nella forma e nel movimento!
> Come somiglia a un angelo, per le azioni,
> e a un dio per la facoltà di discernere!
>
> W. Shakespeare, *Amleto*, Atto II

Raccogliamo in forma sintetica in questo volume le nostre esperienze cliniche sul ritardo mentale, maturate nell'Istituto scientifico Stella Maris di Pisa, in cui lavoriamo da molti anni, pensando che possano essere utili agli operatori sanitari, agli insegnanti della scuola, e ai familiari di tanti bambini o adolescenti.

Il cosiddetto «ritardo mentale» merita una particolare attenzione per la sua gravità patologica e per la sua frequenza, e anche perché si tratta di un concetto e di una espressione tra le più ambigue delle scienze mediche e pedagogiche.

Nel corso degli anni abbiamo visto tanti tipi di patologia e di devianze e tanti tipi di ritardo. E abbiamo constatato con meraviglia nel servizio sanitario, nella scuola e nelle famiglie due errori opposti: da un lato un giudizio minimizzatore, «questo bambino ha solo un po' di ritardo dello sviluppo, andrà tutto a posto» (ma in questo giudizio gli insegnanti si ingannano meno degli altri per l'importanza del parametro apprendimento); dall'altro un giudizio pessimista, talvolta tragico, «è un minorato, c'è poco da fare, resterà dipendente».

Quanti bambini sono rimasti «in ritardo», fino a che gli adulti non hanno aspettato più e si sono prima disperati e poi rassegnati! La diagnosi è arrivata dopo, e i provvedimenti presi sono stati generici e inadeguati.

Altri bambini, giudicati tardivi, con un brutto quoziente di intelligenza (che è il rapporto fra «età mentale» ed «età cronologica») e difficoltà scolastiche insormontabili, poi, dopo anni, li abbiamo ritrovati ben diversi, con un lavoro, una famiglia, un buon adattamento sociale. Si tratta di ritardi diversi, oppure la diagnosi era sbagliata? Si può capire meglio e in tempo utile?

Un giudizio corretto e tempestivo si vale necessariamente di tanti strumenti, ma i principali non sono quelli psicometrici (il Qi), erroneamente ritenuti il parametro essenziale.

Si tratta invece di una difficile diagnosi psicopatologica, che ha bisogno di professionisti esperti.

L'essenza di questa diagnosi è la scoperta di una incapacità intrinseca di elaborare giudizi corretti e condivisi, e cioè un difetto di comprensione, di sintesi, di adattamento. È un difetto che suscita meraviglia perché non è atteso, e può essere attribuito a ostilità (il «non capire» è scambiato per «non voler capire») da cui spesso una risposta aggressiva fino all'insulto (non a caso gli insulti più feroci sono quelli che mettono in dubbio l'intelligenza!).

Il comportamento dell'uomo è frutto di molte capacità e di molte passioni. Ma nella condizione del ritardo tutte le capacità appaiono ridotte e le passioni impoverite e distorte. Una condizione-limite che sembra negare, non l'ideale di bellezza o di bontà, ma l'essenza stessa dell'umanità e rappresenta quindi il massimo della patologia. Una condizione di povertà e di insufficienza, chiamata impropriamente «ritardo», come se fosse questione di tempo e quindi di attesa. Una condizione poco conosciuta, spesso solo banalmente e falsamente quantificata, che per questo merita la nostra attenzione, e sulla quale è possibile intervenire precocemente per ricostruire itinerari di progresso.

Perché l'uomo resta un'opera d'arte che somiglia a un angelo per le azioni e a un dio per le facoltà di discernere (Shakespeare), e quando è ferito in questa sua essenza non c'è opera più nobile dell'aiuto che possiamo prestargli per riconquistare la sua divinità.

1. *Che cos'è il ritardo mentale*

Il ritardo mentale è nella sua essenza una grave alterazione della mente che si manifesta come una sindrome psichiatrica globale legata al difetto di sviluppo delle funzioni astrattive della conoscenza e dell'adattamento. Questo aspetto psicopatologico è basale e centrale ma non unico, perché ad esso si possono associare disturbi della personalità, della condotta, del linguaggio, delle funzioni percettive e motorie nonché piccole o grandi malformazioni somatiche, sintomi sia nucleari del difetto astrattivo, sia concomitanti con esso ma dovuti a fattori distinti, genetici, lesionali o ambientali.

Si tratta comunque di una sindrome complessa, che compromette in modo duraturo, e spesso permanente, la conquista delle funzioni più elevate della specie umana.

Quelle funzioni che permettono, nello sviluppo normale, un pensiero fondato sull'interiorizzazione dell'esperienza e in particolare sulla capacità di astrarre da essa le leggi che legano gli eventi, i rapporti di causa e di effetto, le capacità di formulare ipotesi e deduzioni, le capacità di distinguere i confini ristretti del mondo reale da quelli sconfinati del possibile. Nel ritardo mentale il pensiero resta strettamente dipendente dall'esperienza e dalla rappresentazione di essa, le percezioni non riescono a generalizzarsi, il movimento è imitativo e non sviluppa capacità espressive né costruttive originali, il linguaggio è povero, stereotipato, legato alla rappresentazione immediata, non diventa linguaggio interno e non assume la guida della condotta.

Si tratta di un naufragio di quel processo evolutivo che è stato predisposto dalla lunga filogenesi umana ed è racchiuso nel messaggio genetico.

Bisogna ricordare che la vita mentale si sviluppa nell'uomo moderno (cioè da circa 40.000 anni) per due fattori coessenziali: il suddetto messaggio genetico che condiziona la maturazione del cervello dell'*homo sapiens*, costituendo la premessa dell'interazione con l'ambiente; la stimolazione ambientale cioè le esperienze della società contemporanea successiva alla comparsa della cultura nello sviluppo della specie. Questa cultura ha dinamiche evolutive sue proprie, distinte da quelle biologiche, e condiziona tuttavia lo sviluppo del cervello. Le due condizioni sono coessenziali, come già detto, cioè la prima non produce effetti da sola, senza una stimolazione adeguata che plasmi i tessuti neuronali fin dal primo sviluppo, e crei in tal modo un cervello «sociale»; né la seconda esplica effetti specifici senza un cervello programmato e integro nella sua struttura. In questo senso, sapendo che tutte le funzioni psicologiche, e tutte quelle psicopatologiche (cioè devianti), prendono origine dalla struttura cerebrale, ricordiamo che questa struttura è figlia dei geni ma anche dello sviluppo della specie e dell'ambiente. Lo sterile dualismo tra patologia del corpo e patologia della mente è quindi male impostato, perché ogni funzione umana superiore, nella salute e nella malattia, deriva dal cervello e quindi è sempre conseguente a entrambi i fattori, genetico e sociale.

Restano i problemi delle cause, di cui parleremo. Oggi comunque appare più chiaro che i meccanismi intrinseci che determinano il quadro non sono dovuti a un «ritardo di sviluppo» ma piuttosto ad un «ritardo strutturale», cioè ad un disturbo dell'organizzazione della mente, che genera una «categoria patologica»; e che questo fenomeno, certamente legato a cause multiple, dà origine a una «via finale comune» cioè a un meccanismo relativamente specifico che genera l'aspetto basale della sindrome patologica.

Le funzioni più elevate della mente, quelle del pensiero conoscitivo o astratto, sono previste e programmate nell'uomo moderno. Esse rappresentano un target estremamente complesso di tutta l'evoluzione biologica e culturale, evoluzione che ha creato la società moderna, ricevendone stimoli efficaci che sono autonomi dall'evoluzione biologica.

Ma esse esigono che i fattori costitutivi siano pienamente idonei: cioè che resti integro e idoneo sia il messaggio genetico, sia quello dell'ambiente culturale, sia quello della struttura cerebrale preposta alla sintesi dei primi due.

In carenza di uno o più di questi fattori il processo evolutivo naufraga più o meno irreparabilmente e si crea una evoluzione abnorme, gravemente patologica, in cui la personalità non raggiunge i suoi vertici di autocoscienza, di originalità e di critica. Essa cerca tuttavia (bisogna ricordarlo!) un compenso, cioè una riorganizzazione, per spinta spontanea o *vis sanatrix naturae*, per esigenze di adattamento all'ambiente, per utilizzazione degli stimoli riabilitativi.

Questa è la sindrome del ritardo mentale, contrassegnata dal deficit più o meno permanente della comprensione, della critica, dell'autonomia, che presenta tuttavia compensi ed attitudini impreviste, e preserva un mondo soggettivo capace di un certo tipo di autocoscienza e di vita affettiva che assicura sempre il valore etico della personalità. Tale mix di deficit, di capacità residuali e di compensi determina una struttura psicologica disomogenea e disorganizzata, tanto da suggerire il paragone con un tessuto tumorale.

La genesi multifattoriale delle funzioni superiori della mente propone l'ipotesi che anche il difetto di queste funzioni sia multifattoriale, con meccanismi finali comuni.

Resta aperto il problema se il ritardo mentale sia diverso da caso a caso o se esista in ogni caso un «nucleo deficitario» comune, non specifico rispetto alle cause.

Un quadro unitario o multiforme

Nella storia della patologia mentale, a partire dall'evo moderno, sono stati a lungo distinti i due aspetti della follia e del ritardo, a cui corrispondevano le due diagnosi di *lunatic* e di *idiot*. Ma dalle origini di una psicologia e di una psichiatria scientifica la patologia mentale è apparsa sempre più unitaria e globale anche per quanto riguarda il ritardo mentale; e in questo senso si sono pronunciati grandi scienziati e ricercatori come E. Kraepelin, L.S. Vigotskij, K. Lewin.

Il ritardo mentale si può associare a stati morbosi diversi e tuttavia, per molti aspetti, esso appare come un quadro unitario.

L'idea di un quadro unitario sembra giustificata da alcuni motivi:

- può associarsi ad altri disturbi, ma è fra tutti il sintomo di gran lunga più importante per dignità e per importanza pratica;
- rappresenta il fattore plasmante della personalità in via di sviluppo e, con i suoi diversi livelli, contribuisce in maniera importante a determinare la varietà degli aspetti clinici;
- ha inizio precoce con un processo di progressivo rallentamento dello sviluppo mentale, e tende generalmente a stabilizzarsi;
- determina l'impossibilità di arrivare a certi traguardi tipici dello sviluppo psicologico normale e cioè: per l'intelligenza il pensiero «logico astratto», per il carattere la piena coscienza di sé, l'autonomia, l'adattamento;
- presenta alcuni aspetti qualitativi caratteristici che prescindono dalla sua gravità, dovuti al difetto di progressione e di trasformazione che caratterizza lo sviluppo normale («viscosità genetica» secondo B. Inhelder, «inerzia intellettiva» secondo A.R. Luria, «rigidità mentale» secondo K. Lewin).

Una dimensione o una categoria

A questo proposito si pone il quesito se la diagnosi di ritardo mentale sia una valutazione «dimensionale» o «categoriale». In ambito psichiatrico, di fronte a sintomi che sembrano in contiguità con le manifestazioni della mente normale, e senza conoscenza sicura sulle cause e sulla patogenesi, i clinici hanno scelto spesso valutazioni quantitative, cioè dimensionali, per definire il grado della capacità di comprensione e quello dell'adattamento, rimandando ad un futuro più consapevole la definizione patologica come «categoria».

Da qualche decennio si sono sistematizzate classificazioni «categoriali», come quelle della classificazione americana presente nel *Diagnostical and statistical manual*, quarta edizione (Dsm-IV), ma anch'esse, per il ritardo mentale, sono basate in prevalenza sul numero dei sintomi morbosi.

Tuttavia il parametro dell'intelligenza, sembra sfuggire nella sua essenza alle quantificazioni.

A noi sembra che per capire meglio si debba osservare sempre in associazione lo sviluppo della specie (filogenesi) e quello dell'individuo (ontogenesi).

La filogenesi ha consentito all'uomo moderno, attraverso lo sviluppo cerebrale e quello dei geni (che codificano i trasmettitori e i recettori), di raggiungere una notevole complessità di adattamento all'ambiente attraverso i segnali di allarme e i meccanismi di difesa, che costituiscono larga parte della vita mentale. Ma soprattutto ha consentito lo sviluppo di sofisticati apparati di previsione che consentono la programmazione della condotta e un certo grado di originalità come risposta a stimoli imprevisti. Queste capacità costituiscono una funzione superiore della specie che chiamiamo intelligenza, in assenza della quale l'uomo moderno non è più moderno ma assume caratteri arcaici, inadeguati alla vita attuale.

Lo sviluppo individuale delle funzioni superiori è quindi certamente guidato da fattori genetici conquistati appunto per filogenesi, ma è attuato da una serie di condizionamenti sociali: i modelli umani di identificazione, gli affetti come veicoli di messaggi, le relazioni intersoggettive precoci (descritte dalla cosiddetta «teoria della mente»), le conferme e le disconferme sociali, le informazioni accademiche, la cultura del tempo e del luogo.

Si ha quindi una somma di fattori coessenziali che può entrare in crisi per due tipi di patologia: da una parte la patologia biologica, che si manifesta o con messaggi genetici alterati ovvero con lesioni acquisite degli apparati esecutivi (specie del sistema nervoso); dall'altra la carenza dell'ambiente (fino ai casi limite dei bambini allevati dagli animali), o la distorsione educativa.

La interazione biosociale necessaria alla salute, soprattutto allo sviluppo delle funzioni più elevate, può entrare in crisi come si è detto per carenza di una delle componenti, ma spesso si ha un'influenza negativa reciproca che determina un rinforzo patologico (meccanismo a valanga), con sacrificio finale delle funzioni più complesse ed elevate, che richiedono una buona integrità di tutti i presupposti. Fra le funzioni colpite ci sono sicuramente l'intelligenza, la critica, le capacità di apprendimento, con conseguente «ritardo mentale», cioè una condizione patologica in sé unica per importanza clinica e sociale.

Le doti assolute

Ci domandiamo se esistono altre doti ed altri criteri di valutazione della vita mentale oltre a quelli delle capacità di comprendere e di risolvere i problemi dell'adattamento.

Pensiamo che le doti dell'uomo siano molte: ad esempio la grande ricchezza della vita affettiva con le risonanze emotive, l'intensità dei sentimenti, le condizioni dell'umore.

Certamente gran parte del mondo interno è rappresentato dagli affetti, che sono parzialmente indipendenti dai meccanismi cognitivi della comprensione e della critica. E costituiscono, consapevoli o inconsapevoli, una ricca parte della nostra umanità.

C'è poi la coscienza soggettiva del mondo interno, che ha ugualmente un buon grado di autonomia dai circuiti cognitivi, perché appare affidata alle gratificazioni e alle difficoltà emotive, ai successi e agli insuccessi, alle identificazioni e alle proiezioni sociali.

Ci sono ancora le esperienze di autonomia e di originalità, certamente collegate con le capacità di comprensione e all'apprendimento, ma relativamente autonome da esse. Il sentimento di libertà in ogni uomo non è un'esperienza misurabile, ma è una dote indipendente. Essa è condizionata dalle capacità e dall'esperienza, ma sussiste anche in condizioni di povertà interiore come esperienza del mondo soggettivo.

Altra spinta basale della mente è quella della creatività. In questo campo M. De Negri ha ricordato recentemente alcuni concetti preziosi. La coscienza, secondo l'analisi fenomenologica, si arricchisce sempre di contenuti per autoconservarsi e per questo anticipa il confronto con la realtà, prefigura e pregiudica nuove realtà non ancora prevedibili. In questo senso è creativa, e ciò avviene anche in condizione di ritardo o difetto mentale in cui ci sono ostacoli di vario tipo, che però possono essere combattuti con esercizi di «presa di coscienza» del mondo interno.

Questa esperienza del mondo interno e dell'autonomia fa parte di una più vasta coscienza dell'apparato mentale e del suo funzionamento («metacognizione») ed è certamente influenzata dalle motivazioni, e quindi dagli istinti e dagli affetti. Per questo ci sembra che debba collocarsi al centro della personalità come una «dote assoluta» della mente. Potremmo distinguere altre doti assolute: la capacità di comprendere la mente umana nella relazione, l'intensità della risposta emotiva all'esperienza, la capacità di vivere un affetto, la capacità di equilibrare in modo originale motivazioni interne e richieste sociali (cioè di possedere un certo grado di autonomia).

Queste considerazioni appartengono alla riflessione filosofica sulla persona umana e alla speculazione di quelle correnti psicologiche e psichiatriche, come la fenomenologia, che hanno preso origine dal *personalismo filosofico*.

Alla luce di questi concetti possiamo ritenere che esistano doti assolute della mente umana, ferite ma non distrutte dal ritardo mentale, per cui anche il ritardato è sempre una *persona*, e la società ha il grande compito di riscattarlo dalle sue mortificazioni patologiche.

L'ottica dello sviluppo

I primi processi mentali che nello sviluppo del bambino emergono dal livello biologico sono quelli dell'integrazione: interpercettiva, percettivo-motoria, emotivo-motoria, istintivo-comportamentale, motivazionale, dei ricordi, dell'identità, ecc.

Si stratificano così i processi di questa progressiva integrazione (fino ai più alti vertici del mondo soggettivo, della conoscenza, della critica, della vita affettiva, del giudizio morale), tutti processi che consentono l'adattamento. Queste sono le spinte basali del progresso evolutivo.

Tutta la psicopatologia grave è legata a un difetto precoce di queste sintesi basali della personalità, sia quelle che danno origine alle capacità astrattive e alla comprensione, sia quelle legate all'identità e all'adattamento sociale.

Il quadro clinico del cosiddetto ritardo mentale è l'esempio principale di un difetto e di una disarmonia delle sintesi della persona, difetto che si manifesta prevalentemente a carico dei livelli funzionali più elevati che sono quelli delle cognitività, della critica, dell'adattamento sociale, come succede in un edificio che non può elevarsi se non ha fondamenta adeguate. Sembra quindi improprio isolare funzioni circoscritte (come quelle biologiche vegetative, o quelle psicologiche esecutive).

Il ritardo mentale è un incidente di percorso, sempre gravissimo, anche quando viene definito «lieve» in termini psicometrici, che impedisce la conquista dei livelli previsti dalla macchina biologica nella sua complessità, complessità prevista nel lungo sviluppo della specie umana e condizionata dalle esigenze interattive di un ambiente costituito dalla civiltà e dalla cultura.

La civiltà e la cultura sono fonti non biologiche dello sviluppo umano, che tuttavia concorrono in modo essenziale alla costruzione del cervello moderno e alle sue massime espressività.

I progressi della cultura e della civiltà umana sono molto più veloci di quelli biologici, cioè di quelli legati alla trasformazione dei geni. Ma a questi progressi culturali conseguono modificazioni cerebrali e modificazioni dei geni, che rilanciano ulteriori progressi della civiltà. Questo è il circuito virtuoso dello sviluppo della specie (teoricamente indefinito) che appare compromesso nel ritardo mentale quando le esperienze modificano il cervello in modo inadeguato e quando il cervello non è in grado di produrre nuove esperienze feconde.

Un deficit basale e precoce (comunque determinato) della mente umana non può indurre soltanto un «ritardo» cioè un rallentamento temporale, perché se le componenti dello sviluppo maturano in tempi diversi sono resi difficili o impossibili tutti gli «appuntamenti» biologici e sociali: l'espressività dei geni, la costruzione maturativa del cervello, l'incontro con un ambiente preorganizzato a offrire stimoli (incentivi e frustrazioni) propri di ogni età cronologica.

Ne deriva fatalmente la perdita del parallelismo e delle sinergie previste fra fattori genici, culturali e ambientali (tutti necessari allo sviluppo) e l'introduzione di supplenze e reazioni imprevedibili e improprie, che costituiscono un importante fattore di disordine e di caos.

Ad esempio: interessi conoscitivi senza capacità operative; adeguamento a regole sociali senza capacità di generalizzare e senza pensiero astratto, condotte reattive, depressive o autolesive, per difetto di narcisismo o di autostima, e quindi senza capacità riparatrici, ecc.

In questo senso appare sovvertita l'intera personalità che, persistendo comunque la spinta dello sviluppo, cerca riparazioni, supplenze, compensi, e cioè organizzazioni alternative.

Si ha così una struttura «deficitaria», risultato di molte componenti diverse che hanno tuttavia un comune aspetto nucleare.

Un paradigma psicopatologico

Consideriamo il ritardo mentale come l'esempio principale (il paradigma) di tutta la psicopatologia, perché collochiamo questa condizione al di là degli estremi di una curva che comprende il range della norma e quindi della salute. Cioè una condizione in cui le funzioni critiche e l'adattamento non corrispondono in modo evidente alla programmazione genetica e alle richieste dell'ambiente, che sono entrambi i criteri della salute delle funzioni superiori. Né si può considerare il ritardo mentale come uno dei tanti sintomi delle sindromi malformative o delle lesioni cerebrali, scambiando (come ancora succede in certi manuali di pediatria) il sintomo principale, che è sicuramente la patologia della mente, con quelli secondari, che sono i disturbi neurologici o metabolici. E facendo l'altro errore, molto frequente in tutta la medicina, di confondere la sintomatologia (più nota) con la patogenesi (poco nota o ignota). Purtroppo nella descrizione di sindromi complesse multisintomatiche si usa spesso considerare il sintomo ritardo mentale come complementare e accessorio, di solo rilievo sociale.

Altro errore frequente è quello di confondere il sintomo ritardo mentale con altri disturbi psicologici (depressione, ansia, eccitamento, iperattività, pervasività, ecc.) che nel ritardato hanno certo un'espressione specifica ma possono avere origini e patogenesi molto diverse. La classificazione del Dsm-IV ha dato un importante aiuto ai clinici per evitare questo errore, consigliando di collocare il ritardo mentale su un asse diverso da quello degli altri sintomi psicopatologici.

Naturalmente un difetto mentale induce sempre uno scompenso psicologico globale: per lo sviluppo disarmonico di altre funzioni mentali non integrate, e per il grave impatto con l'ambiente che considera il ritardato come un corpo estraneo e induce meccanismi di difesa che aggravano il disadattamento e l'emarginazione. Questi sintomi vanno considerati attentamente nella diagnosi clinica per il loro grado di relazione con gli aspetti nucleari del ritardo.

La sindrome nucleare

Ci domandiamo a questo proposito se debba prevalere il concetto di una sindrome nucleare unica (il «core») o si possa pensare a molti tipi di ritardo mentale.

L'ipotesi che esistano nella clinica molti tipi di ritardo sembra confermata dalla varietà sintomatologica con cui si presentano i ritardati. Ma la domanda fondamentale è se esistano aspetti nucleari del deficit, comuni ai diversi quadri clinici.

Questa domanda sembra corrispondere alla ipotesi speculare che esista un fattore generale dell'intelligenza (o fattore G), ricercato dalla psicologia teorica e dalla psicometria. Ma ciò non è facilmente dimostrabile per la grande differenza che intercorre fra le espressioni della salute mentale, estremamente variabili e ricche di autonomia (corrispondenti alle finalità della specie), e la riduzione del deficit in schemi più poveri o obbligati. Tuttavia il meccanismo deficitario, tipicamente psicopatologico perché investe tutta la struttura della mente, è relativamente univoco nei vari quadri clinici perché ha spesso alcune conseguenze comuni:

- riduce la forza e l'ampiezza delle funzioni esecutive (attenzione, memoria, rappresentazione, linguaggio, ecc.);

• facilita condotte imitative e stereotipate, abbassando l'autonomia e l'originalità;

• riduce la capacità di astrarre dall'esperienza, di costruire operazioni mentali, di formulare ipotesi e deduzioni.

Se questi difetti sono conclamati, la diagnosi clinica per il ritardo mentale è facile, anche se sussistono molti quesiti sull'organizzazione della personalità deficitaria e sulle strategie correttive (così importanti in età evolutiva per favorire l'adattamento).

Ma in molti casi i sintomi suddetti, pur essendo presenti, sono nascosti da meccanismi di difesa, di compenso, di evitamento, che possono ingannare anche un osservatore esperto. E tuttavia una ricerca specifica, clinica e testologica (ma soprattutto clinica, sulla base di una grande esperienza), scopre i segni inequivocabili dei meccanismi deficitari. Questo è il «core» del ritardo mentale.

Gli psichiatri di adulti valutano più difficilmente il ritardo per la relativa staticità del quadro e la quantità dei compensi e dei mascheramenti, ma gli psichiatri dell'infanzia conoscono meglio questa patologia, che spesso si evidenzia già nella prima infanzia o all'inizio dell'età scolastica, costituendo una smentita delle previsioni evolutive e una inversione di rotta del processo di sviluppo.

Con questi sintomi clinici la sindrome assume aspetti qualitativi di tipo «categoriale», pur mantenendo un alto grado di variabilità. E la dimensione psicometrica del quoziente intellettivo appare non solo insufficiente ma fuorviante, perché costituisce una semplificazione indebita di un quadro complesso per sintomatologia e per patogenesi.

Il ruolo dell'ambiente

Un aspetto comunque importante del ritardo mentale, che si associa al deficit cognitivo, è la difficoltà di adattamento all'ambiente. Secondo l'Accademia americana del ritardo mentale questa costituisce una delle 3 condizioni essenziali per una diagnosi corretta (la prima è il deficit cognitivo, la seconda la difficoltà di adattamento, la terza l'insorgenza prima dei 18 anni). Ma non è chiaro se tale difficoltà, considerata appunto «essenziale» per la diagnosi, deve intendersi come conseguenza intrinseca delle difficoltà cognitive, e quindi costante in ogni contesto ambientale, oppure costituisce un parametro a sé stante, legato alle caratteristiche sociali dell'ambiente e quindi variabile e più o meno importante. Sappiamo che un disturbo psicopatologico è espressione del cervello, ma è condizionato sempre, come già detto, sia da fattori biologici endogeni che da fattori ambientali (che modificano il cervello). L'interazione quindi è complessa e precoce ed è difficile valutare la precedenza evolutiva e strutturale dei fattori suddetti.

L'intelligenza è, per definizione, la capacità di rispondere in modo originale agli stimoli dell'esperienza, e di assicurare un buon adattamento. Per questo il suo deficit si identifica con un difetto di adattamento, e in questo senso è giusto considerare una condotta disadattiva come aspetto intrinseco del ritardo mentale. Ma l'ambiente può essere più o meno difficile, esigente, aggressivo, e quindi richiedere risposte più o meno complesse, in grado di disarmonizzare le condotte di un ritardato.

In una società primitiva (ad esempio arcaica o rurale), in cui l'adattamento può essere passivo, imitativo, senza conflitti, il soggetto con ritardo mentale può restare relativamente armonico, senza disturbi della condotta, né alterazioni della personalità, pur non possedendo le capacità astrattive superiori. Ma in una società esigente, come quella industriale contemporanea, il ritardato si disarmonizza e soccombe alle sfide. Quindi i disturbi di adattamento nel ritardato, costanti in una società evoluta, sembrano dimostrare che l'intelligenza coincide con la capacità adattiva di fronte alle richieste ambientali.

Una richiesta dell'ambiente, può trovare una risposta adeguata in un cervello sano e maturo per l'età, ma può essere troppo «difficile» e determinare uno scompenso, un rifiuto, un evitamento, o troppo «facile» e determinare un'inerzia o una regressione.

Nel ritardo mentale le capacità elaborative sono sempre inferiori alle richieste dell'ambiente e per questo si manifestano sintomi di disadattamento, e di stasi e meccanismi di difesa come le stereotipie e la regressione.

La storia di Antonio

Le richieste dell'ambiente e le prime difficoltà

Antonio è un bambino di 9 anni con sviluppo somatico regolare che vive con i suoi genitori e una sorellina di 7 anni in una città della Toscana.

La famiglia è di livello socio-economico medio (padre impiegato, madre casalinga) ed è apparentemente unita.

Il bambino, a detta della madre, ha avuto uno sviluppo psicomotorio lievemente ritardato. Ha cominciato infatti a camminare a 18 mesi, e a parlare a 2 anni, ma ha sempre mostrato buone capacità comunicative e relazionali. È stato inserito a 3 anni alla scuola materna dove non è mai stato segnalato dalle insegnati per problemi del comportamento e dell'apprendimento. L'unico giudizio che i genitori ricordano è questo: Antonio gioca poco con i compagni e preferisce stare con quelli più piccoli di lui. È piuttosto lento nei movimenti ma non dà noia a nessuno.

A 6 anni è stato iscritto alla prima classe elementare e ha mostrato iniziali difficoltà scolastiche; non riusciva ad imparare né a leggere né a scrivere né a fare i calcoli. Era anche poco attento e stancabile, piuttosto isolato nel gruppo dei coetanei. Su consiglio delle maestre i genitori hanno sottoposto il bambino ad una visita neuropsichiatrica. È stata fatta diagnosi di «ritardo mentale lieve» e richiesta una insegnante di sostegno.

Attualmente Antonio frequenta la terza elementare con sostegno. Ha fatto qualche progresso nella letto-scrittura, riesce solo a fare calcoli semplici (somme) ma non sottrazioni o moltiplicazioni.

Va molto seguito e sollecitato per fargli superare il più semplice ostacolo. Piange facilmente di fronte ad ogni difficoltà e di fronte a ogni compito dice «non mi riesce», «non lo so fare». Non riesce ad adattarsi al gruppo. I genitori fino ad ora erano convinti che il bambino fosse normale e avevano accettato di malavoglia l'insegnante di sostegno. Ora, confrontando il profitto scolastico e le prestazioni di Antonio con quelle della sorellina di 7 anni normale, cominciano a prendere coscienza che il bambino ha un difetto cognitivo, ma sperano sempre che sia una situazione transitoria.

2. *Come si manifesta*

I sintomi

Abbiamo già detto che il ritardo mentale è una grave alterazione della mente, che contraddice e compromette le attese dello sviluppo individuale (ontogenesi) e quelle dello sviluppo della specie (filogenesi).

Per questo è improprio ed eufemistico chiamarlo ritardo anche se dobbiamo adattarci alla consuetudine. I sintomi sono molti per gli aspetti cognitivi, affettivi e adattivi. Sono sintomi frequenti ma non sempre costanti e possono avere diversa importanza e gravità. Li ricordiamo brevemente.

- *Difetto di assimilazione delle esperienze*, cioè di informazione e di elaborazione percettiva. Il processo percettivo è insufficiente, rallentato, incompleto, inesatto (la cosiddetta dispercettività), non per anomalia degli organi di senso periferici (vista, udito, tatto) ma per un difetto dei poteri di analisi, di comparazione e di integrazione cerebrali. Il ritardato non sa collocare ogni nuova percezione nel giusto contesto spaziale e temporale, non riesce a separare l'esperienza precedente, fissata nella memoria, da quella nuova, e da ciò deriva spesso una percezione rigida, poco mobile, stereotipata, troppo modellata sulla traccia dei ricordi.
- *Difetti di organizzazione motoria* o insufficienze psicomotorie, che compromettono la capacità di programmare il movimento nello spazio e nel tempo, e lo rendono goffo, im-

pacciato, rigido, maldestro, disarmonico. Per di più persistono fino ad età avanzata i comportamenti parassiti (tonici e cinetici) della motricità infantile, che rendono, spesso, questi soggetti torpidi o instabili.

• *Difetti del linguaggio*, che possono essere disturbi di pronuncia, di articolazione, di ritmo, ma più costantemente sono difetti di sviluppo delle attitudini di base che guidano la formazione del linguaggio. Da ciò deriva una povertà di espressione: la frase è spesso elementare, poco articolata, stereotipata, con risposte inadeguate o di «traverso», cioè incongrue rispetto alle domande.

• *Impossibilità di accedere al pensiero astratto*, difetto essenziale che separa un bambino normale da uno ritardato. Tutti i contenuti del pensiero restano, anche dopo la pubertà, legati al concreto, all'esperienza, alle impressioni sensoriali (propri del periodo pre-logico oppure logico-concreto). Il soggetto non sa stabilire relazioni complesse fra gli oggetti, manca di ogni forma di prevedibilità dell'atto e di proiezione di sé nel tempo.

• *Disomogeneità cognitiva*: esistono aree di funzionamento più o meno sviluppate, ma è molto raro trovare aree di funzionamento del tutto normali; quando si evidenziano aree di funzionamento evolute, queste sembrano essere separate dalla organizzazione cognitiva generale, e quindi scarsamente integrabili in un comportamento cognitivo intelligente (vedi i cosiddetti *idiots savants*). Sono compromessi soprattutto i meccanismi cognitivi volontari, mentre il funzionamento di processi automatici è relativamente indipendente dall'intelligenza generale, e quindi maggiormente risparmiato. Questo è l'elemento più specifico, che differenzia il ritardo mentale dai difetti cognitivi più settoriali e rappresenta una componente fondamentale di una teoria complessiva sul ritardo.

• *Difetto di autocoscienza*, cioè difficoltà particolare nella «gestione consapevole» dei propri strumenti mentali e delle proprie conoscenze, che porta a un difetto di utilizzazione dell'esperienza e a un difetto nei meccanismi di autoregolazione. Un soggetto ritardato non è consapevole anche perché si sente difettoso, e per questo cerca attivamente di evitare il contatto doloroso con il proprio funzionamento mentale. Egli può assumere un atteggiamento più attivo e propositivo nella misura in cui acquista fiducia nelle proprie possibilità di risoluzione, e ritiene che il proprio impegno sia fondamentale per la riuscita del compito. Ma gran parte delle esperienze di vita dei soggetti con ritardo mentale sono contrassegnate da fallimenti e il loro rapporto con la realtà è dominato da una aspettativa di insuccesso, preliminare ad ogni azione e in parte inevitabile. Si compromette così la motivazione, fino a favorire condotte sistematiche di rinuncia e di evitamento. Per questa stessa ragione i soggetti ritardati appaiono particolarmente sensibili alla presenza di rinforzi positivi.

• *Apprendimento più lento e difficile* per i vari aspetti dell'intelligenza, da cui derivano disarmonie, lacune, scompensi, e a volte ipertrofie del profilo intellettivo (l'«eterocronia» di cui parla lo psicologo R. Zazzo). Il rallentamento è in genere progressivo, fino ad un ristagno al momento dell'adolescenza. Inoltre, mentre il pensiero del soggetto normale evolve nel senso di una progressiva armonizzazione, il pensiero del ritardato sembra arrivare ad un falso equilibrio caratterizzato in prevalenza dalla viscosità del ragionamento («collosità»). E tuttavia, in condizioni di apprendimento lavorativo, sono state notate tardive riprese evolutive con miglioramento e riorganizzazione del pensiero.

Nello sviluppo del ritardato non si ha in genere un armonico passaggio da una modalità di pensiero all'altra; le modalità precedenti non vengono assorbite e integrate nelle nuove, per cui si osserva una sovrapposizione disordinata di modalità di pensiero diverse. Il ritardato utilizza insieme, in modo anarchico e scoordinato, strategie di pensiero tipiche del bambino di due, di sette, di dieci anni, in un confuso melange. Si può parlare quindi di un vero e proprio caos cognitivo perché il pensiero non si organizza in una struttura gerarchica. Per questo uno stesso problema viene sottoposto, spesso in sequenza, a due, tre tipi di analisi, con forte pregiudizio delle possibilità di soluzione. Il ritardato regredisce inoltre più facilmente e più spesso, rispetto al normale, a modelli anteriori di pensiero e di ragionamento di cui ha una più consolidata abitudine (osservazione fatta tutti i giorni, sul piano scolastico, dagli insegnanti). Cioè, specie per delusione, scoraggiamento, insuccesso, perde competenze che sembravano acquisite.

- *Ritardi affettivi e disarmonie della personalità*, per emotività superficiale e incontrollata e per insufficiente elaborazione degli stimoli. Il comportamento ricorda quello di fasi precedenti di sviluppo. Spesso è presente un'ansia profonda, legata alla debolezza dell'Io di fronte alle esigenze della realtà, o sintomi depressivi come apatia, facile affaticabilità, inibizione, sentimenti di insicurezza e di insufficienza, vissuti anche sul piano somatico. L'egocentrismo, l'incomprensione delle esigenze altrui, la difficoltà alle identificazioni, il rifiuto delle leggi e delle norme proprie dell'adulto, possono ritardare ed ostacolare la formazione del Super-Io, con incompleto sviluppo del giudizio morale e delle capacità di controllo di fronte alle pulsioni istintive.
- *Disturbi della condotta.* Le disarmonie del carattere e del comportamento appaiono legate al complesso gioco di interazioni con l'ambiente. Il deficit ha un senso profondo per la famiglia e questo ha una influenza determinante sulla evoluzione e sull'adattamento. Nella famiglia possiamo osservare un rifiuto inconscio, sentimenti di colpa, accuse molto proiettive nei confronti della scuola, delle strutture mediche e riabilitative, della società; oppure una super-protezione con mantenimento del bambino nello stato di oggetto da manipolare, o eterno lattante da nutrire per sempre. In un secondo momento i ripetuti insuccessi scolastici, la non accettazione da parte della società, le frustrazioni conseguenti ed inevitabili, superano i già deboli meccanismi di difesa e di adattamento aggravando spesso i disturbi del carattere e della condotta.

Quelli che abbiamo descritto sono i sintomi più frequenti del ritardo mentale. Essi – come abbiamo detto – comportano difetti percettivi, psicomotori, psicolinguistici, astrattivi, dell'apprendimento, della vita affettiva e della condotta. Questi disturbi non consentono lo sviluppo del pensiero astratto, tipico dell'uomo normale nella società contemporanea.

Le forme più gravi

In questo gruppo sono compresi bambini la cui vita relazionale è molto limitata. Nelle forme estreme la comunicazione è ridotta all'espressione degli occhi e al sorriso. Non si sviluppa il linguaggio né alcuna funzione simbolica. Le manifestazioni di piacere e di dispiacere si esprimono attraverso condotte molto elementari, come quelle tonico-motorie, i gesti, i contatti cutanei, i gesti aggressivi. Sono presenti molto spesso dei comportamenti ripetitivi e stereotipati, come le ritmie e le attività autoerotiche che stanno a significare un funzionamento «circolare», poco aperto verso l'esterno.

Sono frequenti anche manifestazioni autoaggressive, a volte con automutilazione, o crisi di agitazione che traducono un'angoscia «pervasiva».

Il pensiero non supera i primi apprendimenti senso-motori, corrispondenti quantitativamente allo stadio compreso tra 0 e 2 anni. Nei casi meno gravi di questo gruppo i comportamenti sono più elaborati, più diversificati e viene raggiunto un certo livello di autonomia personale per le attività quotidiane. Il linguaggio si può sviluppare in modo ridotto, tale da permettere una limitata comunicazione verbale.

Il pensiero non supera tuttavia la fase «rappresentativa» (2-6 anni), cioè non diviene capace di alcuna operazione logica. La vita mentale rimane povera, arcaica, con contenuti fantasmatici (centrati prevalentemente sul corpo), poco elaborata e scarsamente controllabile. E tuttavia essa appare capace di alcune possibilità affettive e relazionali se l'ambiente esterno è accettante.

I ritardati mentali di questo gruppo presentano spesso disturbi somatici associati, più o meno gravi, e cioè malformazioni cranio-encefaliche, scheletriche, viscerali, disturbi di accrescimento corporeo, epilessia, disordini motori gravi, minorazioni sensoriali della vista o dell'udito. Ciò è dovuto alla prevalente massiccia incidenza di fattori organici, precoci e multipli, e per questo la percentuale dei ritardi gravi appare analoga sia nelle classi sociali più basse che in quelle più elevate.

La storia di Antonella

Un ritardo grave

Antonella è una bambina di 7 anni affetta da un ritardo mentale grave.

Vive in una famiglia normale composta da genitori impiegati in un Ente pubblico e una sorella di 20 anni normodotata. La madre aveva già 44 anni quando ha affrontato la seconda gravidanza.

La bambina frequenta ancora la scuola materna con insegnante di sostegno perché il grave ritardo cognitivo, linguistico e motorio non permette alcun apprendimento scolastico elementare. La bimba sembra abbastanza adattata all'ambiente scolastico ed è accettata dai coetanei.

Dal punto di vista dello sviluppo intellettivo Antonella è ancora al periodo «sensomotorio» o iniziale «rappresentativo» (secondo Jean Piaget). Fa semplici giochi di causa-effetto avvalendosi dello schema del battere e dello spingere. Conosce l'uso funzionale di oggetti conosciuti (ad esempio biberon, pettine, chiavi); non gioca spontaneamente, ma se opportunamente guidata dall'adulto la bimba riesce a giocare «a far finta che», ad esempio imboccare la bambola. Riconosce alcune parti del corpo (capelli, bocca, occhi), cammina in modo autonomo anche se a basi allargate, con estrema goffaggine e scarsa coordinazione.

La lacuna maggiore si apprezza a carico dell'area linguistica. Si esprime ancora con suoni gutturali e alcuni gesti semplici. Comprende solo ordini semplici contestualizzati. Tuttavia riesce ad entrare in una relazione affettiva con gli adulti allevanti attraverso il sorriso, il pianto, i vocalizzi, le espressioni mimiche, mostrando una discreta intenzionalità comunicativa.

La bambina non ha ancora il controllo sfinterico e non riesce ad alimentarsi da sola.

Se non viene stimolata dagli adulti resta isolata senza entrare in contatto con i coetanei e produce azioni motorie stereotipate e ripetitive (dondolarsi, battere ritmicamente le mani sul tavolo).

L'insegnante di sostegno è riuscita a far compiere qualche progresso alla bambina notando che essa è sensibile alla gratificazione e anche al rimprovero.

Vista l'assenza quasi completa di linguaggio è stato consigliato dall'équipe curante di far seguire ad Antonella un trattamento di «comunicazione alternativa aumentativa», con qualche iniziale risultato positivo.

Le forme «limite» (o «borderline» cognitivi)

Questo gruppo comprende quadri che, all'opposto dei precedenti, presentano capacità intellettive normali, o quasi normali, ostacolate nella loro utilizzazione da fattori prevalentemente sociali, o prevalentemente affettivi, da cui risulta una sintomatologia apparentemente difettuale che può indirizzare verso una diagnosi errata di ritardo mentale. Questo errore è molto frequente, e anche molto pericoloso.

Fare diagnosi di ritardo mentale significa in questi casi suggerire alla famiglia e alla scuola un'attesa negativa che può bloccare il soggetto nella sua incapacità. Il bambino, percependo che l'ambiente familiare e sociale lo considera deficitario, comincia a funzionare veramente in modo povero e ridotto, rimanendo così invischiato nelle sue difficoltà.

La personalità invece di riorganizzarsi in modo dinamico e plastico si struttura nel modo di essere deficitario, e così da uno stato di blocco transitorio si può passare per via psicologica ad un vero deficit fissato.

In questo quadro si riuniscono anche i difetti delle prestazioni intellettive da cause prevalentemente ambientali. La diagnosi differenziale si basa su una accurata analisi psicologica, psicopatologica e comportamentale.

In genere si nota che nei *borderline* cognitivi la sintomatologia è relativa a certi ambienti e situazioni (scuola, apprendimento) e non coinvolge altri aspetti del comportamento come l'adattamento alla vita pratica, ai rapporti interpersonali, al giuoco. Inoltre in questi casi l'inerzia intellettuale, e cioè la mancanza di dinamismo nelle operazioni intellettuali, può essere rimossa attraverso guida e stimolo appropriati.

Il profilo psicometrico è in genere caratteristico, e cioè: basse prestazioni ai test verbali di comprensione e di cultura, buon livello nelle prove di performance e anche ai test percettivo-motori di velocità e precisione. L'etiologia di questa sindrome è per la maggior parte dei casi, come già detto, legata ad insufficienti stimolazioni pedagogiche per carenze ambientali (ad esempio socio-economiche), ma è anche determinata da tutti quei fattori estrinseci che possono bloccare l'apprendimento, come l'iperattività motoria, le cattive condizioni di salute, l'epilessia, le minorazioni sensoriali, i disturbi emotivo-affettivi e i deficit specifici di apprendimento come la disortografia e la dislessia.

Una volta diagnosticate e rimosse tali cause estrinseche, le prestazioni intellettive possono normalizzarsi in breve tempo. Se tuttavia non si agisce tempestivamente tali inefficienze prestazionali possono fissarsi e dare origine ad un vero ritardo mentale.

Un ritardo «borderline»

Stefano è un ragazzino di 8 anni, dall'apparenza normale, che vive col padre disoccupato, la madre che fa lavori saltuari e 4 fratellini, in una degradata periferia urbana.

È nato da parto normale, dopo una gravidanza decorsa regolarmente e non ha presentato nei primi 3 anni di vita problemi dello sviluppo, se si eccettua un lieve ritardo del linguaggio nelle componenti di produzione, ma non in quelle di comprensione.

A 3 anni è stato iscritto alla scuola materna dove, a detta delle insegnanti, non ha presentato problemi di adattamento né di condotta. Infatti si mostrava vivace, ma collaborante e giocava normalmente con i coetanei. Tuttavia se veniva richiesto di un compito di apprendimento (disegno, gioco didattico) spesso si rifiutava.

In 1ª elementare Stefano si è inserito senza difficoltà, ma non riusciva ad imparare a leggere e a scrivere. Si mostrava vivace, instabile, poco attento, disturbava spesso i compagni e veniva punito e sgridato dalle maestre. Nel tempo libero si trovava a suo agio nel gruppo di coetanei e prediligeva con loro i giochi di movimento. Secondo la mamma a casa aiutava nelle faccende domestiche (apparecchiare, spazzare) con sufficiente capacità in relazione all'età.

In 2ª elementare l'inserimento nella classe è andato peggiorando. Il bambino non riusciva più a seguire gli insegnamenti scolastici, specie riguardo la lettura e la scrittura, un po' meglio riusciva nel calcolo orale. Sempre più instabile e demotivato, disturbava i coetanei, e le maestre scrivevano molte note negative sul suo quaderno. Nel 2° trimestre della 2ª elementare le insegnanti chiesero una visita neuropsichiatrica da parte dell'équipe scolastica di riferimento. Venne diagnosticato come *borderline* cognitivo, e venne evidenziata come causa prevalente una scarsa stimolazione pedagogico-ambientale. Vennero dati consigli di trattamento psicopedagogico alle insegnanti della classe scartando l'ipotesi di un insegnante di sostegno che avrebbe fatto etichettare il bambino come ritardato.

Fu consigliato di continuare il trattamento educativo anche nel periodo estivo e un aiuto alla famiglia da parte del servizio sociale dell'Asl di competenza.

Ora Stefano frequenta la 3ª elementare, e sta facendo notevoli progressi sul piano dell'apprendimento, mostrando un buon dinamismo dell'intelligenza. Le insegnanti lo rimproverano meno e non scrivono più le note sul quaderno. Stefano appare più attento e i disturbi del comportamento si sono attenuati.

Trattandosi di un caso limite e non di un vero ritardo si spera in una completa remissione della sintomatologia con un recupero del difetto cognitivo anche negli aspetti verbali dell'intelligenza che sono più deficitari.

Il ritardo lieve e la diagnosi precoce

Dobbiamo chiederci se è possibile una diagnosi precoce della sindrome del ritardo mentale.

Nell'ottica della prevenzione e della riabilitazione è necessario infatti codificare e diffondere metodi di valutazione precoci, specie nei primi tre anni di vita, attualmente riservati a pochi specialisti.

È certo facile riconoscere precocemente il difetto mentale più grave, cioè un ritardo massiccio, e i frequenti disturbi associati (ad esempio aspetti esterni caratteristici della sindrome di Down o di altre malattie cromosomiche, malformazioni cranio-encefaliche, epilessie precoci maligne, ecc.). Ma i sintomi precoci delle organizzazioni deficitarie definite «lievi» (dal punto di vista psicometrico), che pur appartengono alla grave sindrome del ritardo mentale e appaiono molto più frequenti, sono di difficile riscontro, e inoltre mancano di specificità.

Fra i ritardi non specifici c'è anzitutto il cosiddetto «ritardo psicomotorio» (che dovremmo chiamare «posturo-motorio»), di facile e frequente diagnosi, e il ritardo del linguaggio.

Un bambino ritarda le tappe canoniche della stazione seduta, della stazione eretta e della deambulazione. Ci sono margini di variabilità, legati a fattori estrinseci come l'accudimento ricevuto, il peso corporeo, eventuali malattie intercorrenti della prima infanzia. Ma un bambino che non sta seduto nell'ultimo trimestre del primo anno e non cammina in modo autonomo entro il 18° mese, che ha movimenti goffi, impacciati, maldestri, denuncia una patologia maturativa o lesionale del sistema nervoso che può essere transitoria ma anche duratura.

Si deve andare subito in cerca di una valutazione funzionale più fine, ad esempio le posture patologiche delle paralisi cerebrali, o i difetti sensoriali, o i dati strumentali (neuroimmagini, neurofisiologia, neurochimica, neurogenetica).

Gli elementi tratti da questi esami sono essenziali per la diagnosi, la prognosi e il trattamento. La diagnosi differenziale più importante è quella fra un ritardo settoriale dell'organizzazione del movimento (che può appartenere ad esempio ad una malattia dei muscoli) e un ritardo globale di tutte le funzioni cognitive e relazionali (cioè un ritardo mentale).

L'evoluzione del ritardo psicomotorio è spesso benigna, ma può residuare una *debilité motrice*, cioè goffaggine, disprassie, movimenti associati, disritmie (balbuzie o tic), difetto di abilità, scarsa originalità dei movimenti. Il coinvolgimento mentale, implicito nel termine psicomotorio, è dovuto soprattutto a un difetto di selezione dell'esperienza del corpo e dello spazio (un difetto di *schema corporeo*). Esso può portare ad una scarsa elaborazione delle percezioni primarie del proprio corpo e, per questa via, a disturbi psicologici.

Un altro bambino ritarda lo sviluppo del linguaggio, cioè pronuncia le prime parole dopo il 2° anno, associa due parole con valore di giudizio (la cosiddetta frase contratta) dopo il 3° anno, conquista gli aspetti flessionali (preposizioni, pronomi, coniugazioni dei verbi) dopo il 4° anno. Anche la comprensione può essere elementare e contestuale. Il linguaggio è globalmente povero e poco usato in senso relazionale.

In questi cosiddetti *late talkers* (o parlatori tardivi) l'evoluzione può essere benigna, con piena ripresa, ovvero a rischio per successivi problemi specifici del linguaggio. In questi casi, fra gli indici predittivi di evoluzione favorevole, ricordiamo una comprensione linguistica migliore dell'espressione. Ma ci sono bambini normoudenti che mantengono una spiccata povertà espressiva con grave danno di ogni apprendimento e sono candidati ad un ritardo mentale.

Ci sono poi i deficit cognitivi chiaramente secondari alle epilessie maligne, ai difetti sensoriali, ai disturbi pervasivi, ai difetti di apprendimento: quadri polimorfi con patogenesi e prognosi molto diverse.

Il ritardo mentale più comune si manifesta invece con aspetti più specifici e precoci, tra cui segnaliamo i seguenti: povertà di comunicazione pre-linguistica nello sguardo del lattante, nel sorriso, negli schemi gestuali (senza l'assenza completa dell'«aggancio oculare» propria dell'autismo); difetto di interazione con l'adulto, specie difetto di anticipazione nell'alimentazione, torpore o sonnolenza (il bambino è definito «troppo buono»), o instabilità o facile eccitabilità, scarso interesse per l'ambiente e per le persone; assenza dei primi «organizzatori» dello sviluppo, come il sorriso e l'angoscia dell'8° mese, povertà dei giochi, con comparsa posticipata del gioco «simbolico». Il bambino è lamentoso, poco intraprendente, si sente sicuro solo nelle situazioni conosciute, che cerca di riprodurre in modo stereotipato.

Già da questi primi momenti il rapporto con la madre può essere inadeguato o patologico, perché essa, quando ha consapevolezza pre-conscia dell'handicap, mantiene il bambino in un legame simbiotico, o, non rendendosi conto della patologia, lo stimola in modo insufficiente. In entrambe queste condizioni, si instaura una relazione «povera» che aggrava i primi segni del ritardo. Spesso inoltre i genitori manifestano una vera negazione di questi primi sintomi (che perciò devono essere accuratamente ricercati).

Non dobbiamo dimenticare tuttavia che questi segni precoci, pur essendo sempre importanti, possono rappresentare discronie temporanee, assestamenti o disarmonie evolutive, e tendere al recupero spontaneo.

Particolare importanza hanno i disturbi «pervasivi» dello sviluppo, più o meno maligni (ad esempio l'autismo), nei quali sono assenti alcuni comportamenti come l'aggancio oculare precoce, il gesto dell'indicare (*pointing*), del gioco del «far finta che» (*pretended play*) e dell'attenzione condivisa (*shared attention*), presenti invece nei bambini con ritardo mentale.

Nei primi anni di vita comunque una diagnosi differenziale predittiva può essere difficile.

In sintesi si può dire che un ritardo, anche marcato ma settoriale (ad esempio nella motricità o nel linguaggio), può non essere espressione di ritardo mentale, ed avere quindi una prognosi buona, mentre la povertà precoce di tutti gli schemi comunicativi e degli interessi cognitivi, in un quadro omogeneo di rallentamento, può essere considerato un segno di allarme indicativo di future organizzazioni deficitarie.

Riassumiamo i segni che nei primi 3 anni di vita sembrano predittivi di una evoluzione deficitaria stabile, cioè del ritardo mentale.

1) Aspetti specifici (o «nucleari»):
– scarsa iniziativa;
– attività esplorativa ridotta;
– difetto di utilizzazione simbolica degli oggetti;
– scarso sviluppo dei mezzi per ottenere eventi desiderati.

2) Aspetti complementari non specifici:
– ritardo posturale e motorio;
– ritardo linguistico, dell'espressione e della comunicazione.

3) Interazione «povera» con l'ambiente, specie quando gli

adulti allevanti offrono stimoli inadeguati, e danno uno scarso significato al comportamento del bambino.

La storia di Paolo

Una diagnosi precoce

Paolo è un bambino di 5 anni, segnalato dalle insegnanti della scuola materna perché «sembra un po' in ritardo» rispetto ai coetanei e perché ha un comportamento timido e ansioso.

I genitori sono commercianti, molto impegnati nel lavoro, vivono in una cittadina della Toscana. Sono interessati affettivamente al figlio, ma per il loro lavoro gli dedicano poco tempo. Il livello socio-economico della famiglia è buono.

Paolo è figlio unico, nato a termine dopo una gravidanza decorsa regolarmente e con parto normale. Nella famiglia non sono presenti malattie neuropsichiatriche. La mamma ricorda che Paolo da piccolo era considerato un bambino normale nello sviluppo fisico e motorio, ma ricercava poco il contatto delle persone. Se lasciato per conto proprio non giocava da solo, ma si limitava a giocare con delle piccole macchine, che andavano avanti e indietro in fila, e a muovere e girare degli oggetti di dimensioni ridotte in modo ripetitivo. Era anche difficile attirare la sua attenzione su qualche avvenimento e reagiva poco agli stimoli dell'ambiente.

Paolo era piuttosto lamentoso, manifestava un forte senso di fragilità e di paura per l'impatto col mondo esterno, ma accettava la relazione con gli altri. Non prendeva facilmente iniziative e si concentrava spesso sulla propria attività. Lo sviluppo motorio appariva un po' rallentato, ma sempre nei limiti della norma. I gesti simbolici e il linguaggio erano iniziati in epoca normale, ma apparivano sempre molto semplici.

A 3 anni viene inserito nella scuola materna dove rimane spesso in disparte, insicuro, timoroso di fronte alle richieste delle insegnanti. Non partecipa alla vita di gruppo e presta poca attenzione alle comunicazioni delle altre persone. A 4 anni e mezzo le insegnanti lo segnalano perché appare in ritardo specie per quanto riguarda lo sviluppo linguistico e i pre-apprendimenti scolastici (disegno, pre-scrittura, ecc.).

L'osservazione neuropsichiatrica effettuata in quel periodo mette in evidenza un lieve deficit delle funzioni cognitive (Quoziente di intelligenza totale, Qit, 0,68) e tratti ansioso-compulsivi del carattere.

Paolo viene indirizzato ad un trattamento logopedico e psicomotorio individuale. I genitori vengono seguiti da un terapeuta per risolvere i conflitti di coppia e chiarire il rapporto col figlio.

Vengono forniti anche consigli educativi alle insegnanti della scuola materna.

Dopo questi interventi riabilitativi ed educativi si nota un certo miglioramento nelle prestazioni cognitive di Paolo e un attenuarsi dell'insicurezza. Anche il rapporto con i genitori appare più armonico. Attualmente, all'età di 5 anni, è difficile prevedere se Paolo rimanga nel gruppo del ritardo mentale lieve, o sia un *borderline* cognitivo. Tuttavia i citati sintomi precoci di mancanza di iniziativa, scarsa comunicazione e ripetitività, in assenza di gravi cause socio-ambientali, ci fanno propendere per la prima ipotesi.

3. *La classificazione*

Gli strumenti e i criteri della diagnosi

Il primo sintomo del ritardo è il difetto delle funzioni astrattive e cognitive (chiamato in modo improprio ed eufemistico «ritardo»). Questo difetto si valuta attualmente con strumenti psicodiagnostici internazionali accreditati, anche se imperfetti e approssimativi. Fra questi la Scala Wechsler Bellevue (su cui torneremo anche più avanti) nella sua edizione per i bambini o Wisc (Wechsler Intelligence Scale for Children), e molti altri test psicometrici (Scala Binet-Simon, Scala Terman, ecc.).

Dalle Scale psicometriche si deduce la cosiddetta «età mentale», ovvero il confronto con le capacità medie di ogni fascia di età, e il Qi (che, lo ricordiamo, è il rapporto fra età mentale ed età cronologica). Le prestazioni che si discostano dalla media di due o più «deviazioni standard», cioè con Qi inferiore a 70, costituiscono il primo sintomo del ritardo mentale. A questo deve associarsi – come già detto – un disturbo significativo delle capacità di adattamento alle esigenze dell'ambiente.

Questo «criterio psicometrico», che ci permette una distinzione quantitativa, è stato confermato nelle più importanti classificazioni internazionali, quella del manuale americano Dsm-IV, e quella europea dell'*International classification of diseases*, decima edizione (Icd-10), pubblicato dall'Oms (Organizzazione mondiale della sanità), che sono sostanzialmente equivalenti.

Secondo questi criteri il ritardo mentale può essere distinto come segue:

- lieve, con Qi da 50-70;
- medio, con Qi da 35-50;
- grave, con Qi da 20-35;
- gravissimo, con Qi inferiore a 20.

Ci sono poi i casi limite, o *borderline* cognitivi, che hanno un Qi compreso fra 70 e 90.

Questa classificazione ha un'importanza socio-assistenziale ma risulta grossolana e di scarso significato pratico, perché ha il limite di ogni diagnosi psichiatrica che sia quantitativa e statistica.

Si è infatti dimostrato la relatività del concetto di Qi (subordinato a molte variabili), la sua dipendenza da fattori contingenti (ad esempio emotivi), la sua non costanza nel tempo, e quindi la difficoltà di confronti durante lo sviluppo.

Per i motivi suddetti, accanto alla classificazione psicometrica, si è cercato di aggiungere una classificazione strutturale basata sugli aspetti della personalità.

Lo psichiatra francese R. Misès ha analizzato e classificato la struttura della personalità nel ritardo mentale in due grandi gruppi: *armonici* e *disarmonici.*

I ritardati armonici non hanno problemi affettivi rilevanti, eccetto una immaturità globale e una difficoltà di adattamento, quelli disarmonici possono presentare conflitti interni con ansia, fobie, ossessioni (disturbi di tipo nevrotico), ovvero sintomi più gravi come scarsa aderenza alla realtà, fantasticherie incontrollate, gravi difficoltà sociali (disturbi di tipo psicotico).

Un altro tipo di classificazione è quella basata sul criterio prevalente del fabbisogno di assistenza e di intervento.

In questa ottica R. Luckasson nel 1992 propone di sostituire la distinzione dei livelli di gravità del disturbo intellettivo con termini che esprimano l'entità degli interventi di supporto necessario (intermittenti, limitati, estensivi, continui). Questo è un esplicito cambiamento di ottica che abbandona il modello basato appunto sulla tipologia del deficit adottando un modello basato sull'intervento necessario per il recupero. Cioè giudicando il parametro «intensità del bisogno di assistenza» come più adatto ad esprimere le limitazioni funzionali del soggetto e operativamente più utile.

Si può proporre una sintesi dei vari criteri di classificazione che suggerisca anche una previsione dell'evoluzione nelle varie fasce d'età.

Questo criterio «evolutivo» ci appare utile ai fini prognostici ed assistenziali. Ricordiamo infatti che il ritardo mentale inizia precocemente ma dura tutta la vita, per cui il neuropsichiatra infantile deve farsi un'idea di come un determinato caso procederà nel tempo, anche per dare utili suggerimenti allo psichiatra di adulti che prenderà in carico il soggetto successivamente.

Schematizzando e semplificando possiamo distinguere nel ritardo mentale due grandi gruppi in rapporto alla previsione del deficit: quello dei ritardi mentali gravi, in cui comprendiamo i Qi inferiori a 50, e quello dei ritardi mentali lievi con Qi compreso fra 70 e 50.

I ritardati gravi (Qi inferiore a 50) hanno precocemente un ritardo motorio, nessuno sviluppo del linguaggio o linguaggio molto ridotto, scarso sviluppo delle funzioni simboliche. Nel periodo dello sviluppo, fra i 6 e i 18 anni, essi possono acquisire alcuni strumenti elementari della comunicazione ma senza apprendimenti scolastici. In età adulta si arrestano alla fase dell'intelligenza *pre-operatoria* (tab. 1) analoga (ma non uguale) a quella che si sviluppa normalmente fra i 2 e i 7 anni, per cui acquisiscono un'autonomia parziale, ma hanno sempre necessità di un ambiente protetto. Solo in casi più favorevoli essi possono apprendere un lavoro molto elementare.

I ritardati lievi (Qi compreso fra 70 e 50) presentano in età precoce uno sviluppo psicomotorio ritardato ma sufficiente per le funzioni statiche e manipolatorie, un linguaggio povero e in lenta maturazione.

TAB. 1. *Classificazione evolutiva del ritardo mentale*

		Età 0-6 anni	Età 6-18 anni	Età adulta
Ritardo grave	I livello	• Ritardo motorio grave • Nessuno sviluppo delle funzioni simboliche • Nessuno sviluppo del linguaggio	• Sviluppo sensomotorio limitato • Assenza del linguaggio relazionale • Nessuna autonomia	• Arresto alla fase dell'intelligenza sensomotoria (0-2 anni) • Necessità di assistenza e sorveglianza totale
	II livello	• Sviluppo motorio elementare con schemi relazionali poveri • Linguaggio molto ridotto	• Acquisizione di abitudini elementari ma senza apprendimenti scolastici • Limitata comunicazione verbale; qualche interesse affettivo e relazionale • Autonomia scarsa	• Arresto alla fase dell'intelligenza rappresentativa pre-operatoria (2-6 anni) • Autonomia parziale, necessità di ambiente protetto
Ritardo lieve	III livello	• Sviluppo motorio sufficiente • Linguaggio e funzioni simboliche povere e in lenta maturazione	• Acquisizioni scolastiche iniziali • Persistenza di immaturità espressiva • Autonomia sufficiente	• Arresto alla fase delle operazioni concrete semplici (7-9 anni) apprendimento di un lavoro elementare • Discreta autonomia sociale • Necessità di aiuto in situazioni traumatizzanti
	IV livello	• Ritardo sensomotorio e del linguaggio lievi	• Apprendimento scolastico discreto nella scuola primaria • Difficoltà di apprendimento nelle classi secondarie • Autonomia sufficiente	• Arresto alla fase dell'intelligenza operatoria concreta (9-11 anni) • Capacità di adattamento sociale e professionale discrete con appropriato addestramento • Bisogno di aiuto in situazioni difficili e traumatizzanti

Fra 6 e 18 anni essi possono, se seguiti, realizzare acquisizioni scolastiche iniziali. In età adulta si arrestano al pensiero operatorio concreto, analogo (ma non uguale) a quello che si sviluppa normalmente fra i 7 e i 9 anni. Se l'autonomia è sufficiente possono apprendere un lavoro elementare con appropriato addestramento. Hanno tuttavia sempre necessità di aiuto e di sostegno, specie in situazioni psico-traumatizzanti (morte di un genitore, cambiamenti di casa, ecc.).

A proposito del concetto di ritardo lieve dobbiamo osservare che, se per la diagnosi ci basiamo solo sul Qi e non su una valutazione multidimensionale (che includa cioè anche i parametri qualitativi dell'intelligenza e quelli affettivi), possiamo essere indotti in errore.

Cioè possiamo confondere nello stesso capitolo soggetti che in adolescenza sviluppano un pensiero *logico* o *operatorio concreto* insieme ad altri che restano a livello rappresentativo o *pre-operatorio*. Per questo ci sembra necessario distinguere con valutazioni psicologiche approfondite, i casi che hanno acquisito o non hanno acquisito la capacità di compiere operazioni mentali (ad esempio classificare, seriare, numerare).

Le stime di frequenza

Le stime di frequenza, cosiddette epidemiologiche, del ritardo mentale sono simili in tutti i paesi sviluppati.

L'Oms riporta tassi di prevalenza complessiva nei paesi industrializzati vicini al 30 per mille sull'intera popolazione. Per quanto riguarda il ritardo mentale grave si ha una prevalenza analoga sia nei paesi industrializzati che in quelli in via di sviluppo pari a circa il 3-4 per mille. La prevalenza del ritardo mentale lieve è nettamente superiore, infatti oscilla dal 30 per mille nei paesi industrializzati fino al 140 per mille nei paesi in via di sviluppo.

I dati sono spesso contrastanti perché sono influenzati da

molti fattori, quali la variabilità delle metodiche impiegate, specie nella valutazione psicometrica, e la diversità delle fonti consultate (registri governativi, archivi scolastici, istituzioni assistenziali, servizi socio sanitari, ecc.).

Inoltre la maggior parte delle ricerche epidemiologiche definisce la diagnosi di ritardo mentale solo sulla base del Qi, tralasciando la capacità di adattamento sociale, perché mancano scale di misurazione oggettivamente standardizzate.

Le ricerche più vaste ed importanti sono state svolte principalmente nei paesi scandinavi, in Australia e negli Stati Uniti. Poche sono quelle italiane.

I dati di prevalenza del ritardo mentale variano rispetto alla fascia d'età (con i valori massimi riguardanti l'età scolare) e rispetto a fattori ambientali quali il livello economico, il grado di istruzione e lo status sociale dei genitori, l'ambiente di vita (rurale, aree urbane degradate, ecc.).

A questi fattori va aggiunta anche la diversità di razza e di etnia (ad esempio la prevalenza del ritardo mentale è più elevata nei bambini afro-americani ed aborigeni rispetto ai bambini caucasici del Nordamerica e dell'Australia).

I risultati possono inoltre essere falsati in virtù di una maggiore tolleranza culturale verso i disabili presso certe popolazioni. Per questo motivo si è suggerito l'uso di test di «performance», meno legati ai fattori culturali rispetto ai test verbali, per fare stime più appropriate.

La prevalenza nei maschi è 1,5 volte più alta rispetto a quella delle femmine. Ciò è in relazione al fatto che il ritardo mentale sembra spesso legato alle condizioni patologiche del cromosoma X (microdelezioni, mutazioni, ecc., prima fra tutte la sindrome dell'X fragile) e alla nota maggiore suscettibilità dei maschi alle patologie neuropsichiche dello sviluppo.

La distribuzione del ritardo mentale in relazione all'età è varia: si rilevano valori più alti in età scolare (si calcola l'8% nei confronti di una media complessiva del 3%). Ciò sembra tuttavia da attribuirsi alla maggiore attenzione nella scuola a identificare i ritardati in vista dell'apprendimento. Inoltre dopo l'età della scuola i casi più lievi possono adattarsi facilmente alle minori richieste prestazionali della società e passare quindi inosservati.

Il ritardo mentale cosiddetto lieve rappresenta il 70-80% di tutti i ritardi mentali, ed è più frequente nelle classi sociali inferiori, con basso livello socio-economico.

Il ritardo mentale grave rappresenta solo il 20% di tutti i ritardi mentali, ha uguale distribuzione rispetto alle classi sociali, ed è dovuto principalmente a cause genetiche (30-40%) o lesionali.

I dati relativi alla prevalenza del ritardo mentale nei paesi in via di sviluppo sono molto scarsi, e poco omogenei rispetto a quelli dei paesi sviluppati, per vari motivi: i bambini con deficit non possono fare riferimento a servizi pediatrici specifici; non hanno accesso alla scuola, non esistono spesso registri sanitari, demografici (e quindi non sono schedati) ecc. Inoltre l'interesse delle autorità sanitarie è diretto prevalentemente alla prevenzione della mortalità infantile (spesso ancora molto elevata).

Dai pochi studi conosciuti si evince comunque che il ritardo mentale è complessivamente molto più frequente nei paesi in via di sviluppo, rispetto ai paesi industrializzati e la sindrome di Down ha una frequenza 3 volte maggiore, forse per carenza di pianificazione familiare, contraccezione, controlli prenatali (M. Durkin).

4. *Le cause e gli itinerari della patologia*

Le teorie interpretative

I fattori determinanti di un quadro di ritardo mentale (le cause prime e i meccanismi morbosi, cioè la cosiddetta «patogenesi») sono molteplici e complessi. Cause organiche, ereditarie e acquisite, fattori psico-affettivi, condizionamenti socioculturali risultano molto frequentemente associati. Varie teorie interpretative si sono succedute nel tempo e anche oggi non vi sono certezze.

Secondo la concezione *classica*, legata alle correnti psichiatriche dell'inizio del secolo, il ritardo mentale è sempre di origine organica ed il deficit intellettivo è soltanto una variazione negativa quantificabile, stabile ed irreversibile. Per questa posizione teorica la terapia del ritardo mentale è stata considerata inefficace o quasi (con l'eccezione delle forme dismetaboliche – cioè da alterazioni del ricambio – e di qualche disturbo associato). La rieducazione deve pertanto trarre il maggior vantaggio possibile dai mezzi residui del soggetto.

Per la concezione *sociologica* l'insufficienza si evidenzia per un tipo sbagliato di rapporto individuo-società, quando il soggetto non può rispondere alle richieste che pesano su di lui perché sono inadeguate o eccessive. Per questo il ritardo mentale lieve si manifesta di preferenza in età scolare, specie quando la scuola richiede un ritmo di apprendimento accelerato. L'educazione speciale e la riabilitazione, mettendo l'accento sulla responsabilizzazione del bambino tenderebbero, secondo queste tesi, a nascondere il problema poiché l'intervento va invece portato anche sull'ambiente.

Per la concezione *psicoanalitica* (espressa prevalentemente dalla psicanalista francese M. Mannoni) l'origine del deficit va ricercato nelle prime relazioni madre-bambino. Il bambino con la sua malattia verrebbe a colmare nella madre un vuoto preesistente, mantenendo con essa un legame alienante e parassitario. Il bambino non imparerebbe ad esprimere autonomi bisogni e desideri e la sua esistenza reale sarebbe negata a livello delle proiezioni inconsce della madre. La terapia secondo questa tesi consisterebbe in una psicoterapia della coppia madre-figlio al fine di rimodellare la relazione errata.

Secondo la posizione *psicodinamica «strutturale»* attualmente più seguita, ed espressa da Misès e altri autori francofoni, il ritardo mentale è una strutturazione della personalità specifica e peculiare (come le altre strutture psicopatologiche anormali) e storicamente costruita.

Secondo questa teoria il ritardo mentale si organizza progressivamente a partire da vari fattori di base (ereditari, biologici, relazionali e sociali) che si integrano in modo diverso da caso a caso, conferendo a ciascun bambino deficitario una propria originalità e diversità, anche se le condizioni causali sono in apparenza identiche. La sintomatologia deficitaria che progressivamente si manifesta è il vettore comune dell'organizzazione patologica in via di sviluppo. Per questo indirizzo la terapia deve abbracciare interventi multipli sui vari piani e deve tendere alla riorganizzazione della struttura deficitaria nel suo insieme.

La ricerca patogenetica resta comunque complessa, ma è opportuno ricordare che:

- bisogna evitare contrapposizioni riduttive e semplicistiche, come l'affermazione che il ritardo mentale grave è dovuto esclusivamente a fattori organici e il ritardo mentale lieve a fattori socio-culturali ed affettivi;

• situazioni di carenza o difficoltà relazionale precoce possono incidere sullo sviluppo mentale come una lesione cerebrale;

• a partire da basi organiche apparentemente identiche si possono sviluppare quadri psicopatologici molto differenti;

• la scoperta di un fattore etiologico ben preciso non deve far dimenticare una costante pluricausalità, poiché, ad esempio, in seguito ad un danno cerebrale anche le esperienze del bambino saranno vissute su un registro diverso, le risposte della madre trasformate, il clima familiare modificato.

In sintesi qualsiasi fattore congenito o acquisito, organico o ambientale che incide sul sistema nervoso centrale in via di sviluppo è in grado di alterare l'organizzazione neurobiologica di base, dalla cui integrità dipende il normale funzionamento intellettivo.

È necessario citare a questo punto i grandi e recentissimi progressi degli studi sul funzionamento cerebrale. È stato scoperto (attraverso esperimenti sugli animali ma anche sull'uomo) che le funzioni basali del cervello, e cioè il sistema motorio e il sistema sensoriale, sono strettamente connessi (molto più di quanto si sapesse) attraverso i cosiddetti «neuroni specchio», e che le funzioni più complesse della mente (intenzioni, memoria, emozioni) si sviluppano sulla base di una conoscenza o «risonanza» fra due o più cervelli (cioè interpersonale), preparata geneticamente durante lo sviluppo della specie per motivi di sopravvivenza. Ci sono relazioni più elementari basate sulle semplici imitazioni, e relazioni più complesse mediate dalla memoria dell'esperienza e quindi dalla «cultura» di ogni soggetto.

Si è scoperto poi che l'organizzazione cerebrale trasmessa geneticamente è alla base dell'apprendimento e consente l'equilibrio fra capacità innate e capacità apprese, fra eredità e ambiente. Una capacità ereditaria sarebbe quella di scoprire molto precocemente le interazioni, i desideri e gli affetti della mamma, cioè riconoscere nell'adulto allevante una mente umana distinta dalla propria. Questa capacità ereditaria (definita «teoria della mente») è alla base del primo rapporto sociale, dei primi affetti e delle prime capacità cognitive. E la sua mancanza darebbe origine a gravi disturbi della relazione e all'isolamento, come accade nell'autismo.

Tutto ciò sembra portare nuova luce sulle relazioni precoci fra il bambino piccolo e la mamma, ipotizzate dalla riflessione psicoanalitica (basti pensare a D. Winnicott) ma non approfondite né valorizzate dalla psicologia cognitiva. Questa ha studiato lo sviluppo dell'intelligenza in modo isolato trascurando il ruolo del rapporto fra due menti e cioè l'intersoggettività.

Le conoscenze che abbiamo citato sono molto recenti e dimostrano che ancora poco sappiamo sullo sviluppo delle capacità intellettive e quindi sulla loro patologia nel ritardo mentale.

Dopo queste premesse riassumiamo brevemente le cause principali note del ritardo mentale ma ricordiamo che purtroppo in molti casi (circa il 30%) l'etiologia non viene affatto riconosciuta.

I fattori cerebrali

I fattori cerebrali sono anche definiti fattori «organici» ma l'espressione è ambigua poiché anche i fattori psicosociali hanno sempre conseguenze sull'organizzazione cerebrale. Potremmo chiamarli fattori *primitivamente organici.*

Dal punto di vista cronologico è abituale distinguerli in fattori pre-natali, perinatali e post-natali.

1) I fattori pre-natali comprendono cause di origine *genetica* e di origine *acquisita.*

• Le cause genetiche determinano malattie la cui natura ereditaria, ben nota o meno nota, è dovuta ad una deficienza specifica dei geni, come le facomatosi (sindromi di origine genetica con tumori benigni cerebrali ed extra-cerebrali come la sclerosi tuberosa), il gruppo delle malattie dismetaboliche, molte sindromi plurimalformative, gli ipotiroidismi congeniti. Un gruppo consistente di affezioni è costituito dalle «aberrazioni cromosomiche» che possono interessare il numero e la struttura dei cromosomi come:

- la sindrome di Down o Trisomia 21 (triplicazione del cromosoma 21);
- la sindrome di Angelman (delezione parziale del cromosoma 15 di origine materna; con delezione si intende l'alterazione del patrimonio cromosomico di un individuo consistente nella perdita fisica di materiale genetico e delle relative informazioni genetiche);
- la sindrome di Prader Willi (delezione parziale del cromosoma 15 di origine paterna);
- la sindrome dell'X fragile (sito «fragile» nella parte distale del braccio lungo del cromosoma X);
- la sindrome di Williams (microdelezione del cromosoma 7);
- la sindrome di Klinefelter e di Turner (aberrazioni dei gonosomi).

Negli ultimi anni i progressi della genetica umana hanno portato grandi cambiamenti nel campo della etiologia del ritardo mentale, se si pensa che attualmente secondo J.M. Opitz sono state identificati più di 750 fattori causali su base genetica.

Le affezioni prenatali acquisite in utero comprendono le embriopatie del 1° trimestre di gravidanza, siano esse di origine virale (rosolia) o medicamentosa o tossica (alcolismo materno), o da cause fisiche (raggi X), e le fetopatie del 2° e 3° trimestre, sia infettive (toxoplasmosi, listerioriosi), che fisiche o nutrizionali.

2) I fattori perinatali costituiscono la causa nota più frequente di lesione cerebrale: anossia, traumatismi ostetrici, marcata prematuranza, encefalopatia bilirubinemica (dovuta principalmente all'incompatibilità Rh materno-fetale).

3) I fattori post-natali precoci possono essere di origine infettiva (meningoencefaliti), traumatica, metabolica, tossica,

medicamentosa e nutrizionale. Le cerebropatie in età successiva non danno origine a un ritardo mentale.

A queste cause vanno aggiunte le encefalopatie convulsive maligne come la sindrome di West con ipsaritmia, e la sindrome di Lennox, nonché stati di male convulsivi prolungati da cause anche benigne.

A volte l'affezione cerebrale ha un carattere insidioso ed evolutivo, per cui può trattarsi di leucoencefaliti o leucodistrofie (spesso a carattere ereditario-familiare), che per la loro evolutività rapida non sono classificabili come ritardo mentale.

Questi fattori cerebrali danno origine più frequentemente a deficit mentali gravi.

I fattori psicosociali

I fattori psicosociali (che rappresentano circa il 15-20%), mal valutati per lungo tempo, sembrano in realtà molto importanti, specie quando si tratta di carenze gravi e precoci di cure materne e/o insufficienze prolungate di stimolazione ambientale. Tali carenze non permettono un investimento sufficiente nelle funzioni strumentali e nell'attività cognitiva, e determinano un investimento conflittuale, limitativo, distorto.

Inoltre poiché il sistema nervoso durante l'ontogenesi ha necessità per il suo stesso sviluppo funzionale di stimoli ambientali efficaci e tempestivi, la carenza di questi impedisce la maturazione epigenetica (cioè quella che è successiva al messaggio genetico) delle funzioni complesse, impoverisce l'architettura nervosa e determina una lesione funzionale analoga a quella da fattori organici.

Abbiamo già detto che le funzioni di vertice della mente umana si costituiscono durante lo sviluppo per spinta genetica e per fattori ambientali. Entrambi questi fattori, in misura diversa, modificano il cervello, e, quando sono inadeguati, possono ostacolare la sua piena maturazione funzionale.

Gli studi sui fattori sociali o ambientali del ritardo sono numerosi. I più noti sono quelli sulle carenze socio-economiche della famiglia che costituiscono un alto fattore di rischio per le condizioni di povertà, insicurezza, rischi igienico-sanitari, emigrazione o immigrazione. Poi le carenze di accudimento precoce, le carenze affettive, la patologia mentale dei genitori, l'abbandono, l'abuso (fisico, psicologico, sessuale). Poi ancora la cultura dei familiari, il loro livello scolastico, i loro interessi, le abitudini alimentari, l'igiene e la promiscuità dell'abitazione, ecc.

È intuitivo che a parità di altre condizioni c'è un'enorme differenza fra un cervello stimolato da ricche esperienze e affetti sicuri e un cervello che cresce con sostegno povero ed eventi traumatizzanti. Oggi sappiamo che questa differenza non riguarda solo le capacità mentali ma anche l'organizzazione funzionale del sistema nervoso. Ed è per questo che un'esperienza negativa può lasciare una traccia duratura, specie nella costruzione delle funzioni più elevate della mente. Non dobbiamo pensare sempre a traumi fatali non emendabili, ma spesso a difficoltà pericolose e a rischi evolutivi che possono richiedere compensi difficili o cure riabilitative.

C'è un vecchio concetto che dobbiamo ricordare, anche se oggi ha perso molto del suo significato: la cosiddetta «pseudo insufficienza mentale» o «pseudo-ritardo».

È stata definita «pseudo insufficienza» un ritardo mentale «apparente», legato al comportamento e al rendimento scolastico conseguente a difetti di stimolazione socio-culturale. Alle prove psicodiagnostiche si trovano risultati limite (i *borderline* cognitivi) e cadute prevalenti nelle capacità legate al linguaggio.

A questo proposito si ricorda l'acuta analisi di M. De Negri, secondo cui esiste anche una «pseudo-normalità» in soggetti con vero ritardo mentale. Sono soggetti pluristimolati, con buone capacità verbali e scarse capacità pratiche (indicative del ritardo). Nei soggetti pseudo insufficienti un intervento educativo e culturale come quello della scuola, o un intenso sostegno della famiglia, possono ottenere in breve tempo netti miglioramenti.

Notiamo tuttavia che questi concetti possono essere ambigui ed equivoci, perché nella pratica clinica troviamo sempre ritardi a genesi multipla, endogena e ambientale. La prevalenza del tipo di cause sufficienti a determinare un ritardo mentale è un problema difficile e specifico di ogni caso, che solo professionisti esperti possono risolvere.

Noi oggi crediamo che:

1) le cause del ritardo siano *sempre* multiple (come già detto), anche se possono incidere in modo diverso nell'itinerario della malattia (o patogenesi);

2) il giudizio clinico che conta sia quello sulle capacità attuali quantitative e qualitative, comunque il deficit sia stato determinato (per questo il ritardo è un quadro patologico che richiede una diagnosi clinica di tipo categoriale);

3) la pseudo-insufficienza sia in realtà un quadro «pseudo», e non abbia niente a che fare col ritardo, poiché evidentemente i fattori ambientali negativi non sono riusciti a determinare una vera sindrome patologica (ad esempio per compenso di fattori protettivi) e per questo appaiono quindi di facile compenso.

Le cause ignote

Vi sono dei casi in cui anche un'accurata indagine non riesce ad evidenziare cause biologiche o sociali del ritardo mentale. Sono quelle forme, in genere di grado lieve, chiamate anche endogene o criptogenetiche.

La percentuale di ritardo mentale da cause ignote è molto alta e si aggira come già detto sul 30-40%. Secondo alcuni autori anche in questo gruppo sarebbero presenti alterazioni cerebrali minime non diagnosticabili o alterazioni genetiche solo in parte evidenziabili con le recenti tecniche di biologia molecolare.

Nell'ambito del gruppo delle forme lievi ad etiologia sconosciuta includiamo i pazienti per i quali è ipotizzata una ereditarietà di tipo poligenico (cioè legata a più geni). Si tratta di quei casi in cui ad esempio uno dei due genitori, o entrambi, presentano un Qi ai limiti inferiori della norma. Pertanto questi genitori di livello intellettivo basso metterebbero a disposizione del figlio un gruppo di geni imperfetti tali da far collocare il bambino in una fascia limite.

Questa situazione va comunque interpretata come trasmissione di una sorta di vulnerabilità, che in rapporto all'azione di fattori ambientali può assumere diverse evoluzioni. In tali gruppi rientrerebbero i casi *borderline* detti da «svantaggio socioculturale» secondo la definizione dell'American association on mental deficiency.

La storia di Luisa

Una speciale sindrome genetica

Luisa è una ragazzina di 14 anni che abita in una città del Sud Italia con i genitori, impiegati in una amministrazione pubblica. È di statura bassa, ha un viso con lineamenti strani. Viene incontro al medico, con cui è fissata la visita neuropsichiatrica di controllo, con aria sorridente e familiare. Saluta con gentilezza e pronuncia frasi piene di convenevoli e di esclamazioni, ma non fuori dal contesto.

La mamma che le assomiglia in certi tratti del volto e nella bassa statura, riferisce che per Luisa ha chiesto l'ennesima visita di controllo presso il nostro centro, per un indirizzo attitudinale scolastico, in vista del termine delle scuole medie.

Luisa era stata visitata da noi la prima volta all'età di 5 anni e avevamo diagnosticato una sindrome rara e specifica, sia per gli aspetti somatici che psicologici, con ritardo mentale che poteva essere definito lieve: la sindrome di Williams. Avevamo prescritto vari esami e dati consigli di trattamento educativo per le insegnanti delle elementari. Circa ogni anno i genitori hanno riportato la bambina alla visita di controllo perché a detta della madre i nostri consigli e suggerimenti, che erano stati seguiti scrupolosamente, si erano rivelati molto utili.

La mamma ci racconta per brevi punti la storia.

Luisa era nata a termine, da parto normale e fino a 6 mesi sembrava normale sia come aspetto fisico che come sviluppo psichico. Successivamente ha cominciato a mostrare un lieve ritardo psicomotorio e un ritardo della crescita somatica e si sono evidenziati dei tratti caratteristici del volto, con naso corto e all'insù, fronte larga, guance piene, rigonfiamenti sotto gli occhi.

Il pediatra diagnosticò anche un disturbo dell'apparato cardiocircolatorio, e cioè stenosi aortica sopravalvolare, per cui è stata curata a lungo. In questo periodo sia per la malattia cardiaca, ma più ancora per l'iperprotezione ansiosa dei familiari, la bambina non ha mai frequentato la scuola materna. Gli accertamenti cromosomici eseguiti nel primo ricovero evidenziarono una anomalia del cromosoma 7 confermando la diagnosi di sindrome di Williams.

Dal punto di vista psicologico si era rilevato alla Scala Wisc un deficit cognitivo lieve (Qi 0,65) con un profilo disarmonico: buone competenze linguistiche e caduta negli aspetti spaziali, profilo che è tipico di questa sindrome. La bimba si mostrava ipersocievole e con un linguaggio fluente, ricco di vocaboli, anche se a volte un po' fuori dal contesto.

Nel corso del tempo sono stati dati consigli di trattamento psicopedagogico all'insegnante di sostegno e ai familiari. I consigli erano indirizzati a valorizzare le capacità linguistiche per sviluppare l'intelligenza pratica e a favorire l'interiorizzazione del linguaggio.

Luisa ha frequentato tutte le classi elementari e medie con sostegno senza bocciature. Attualmente ha un rendimento buono in italiano, scarso in matematica. Ha sempre mostrato un buon talento musicale e alle scuole medie ha imparato a suonare il flauto; tuttora segue un corso di musica in orario extra-scolastico con buoni risultati. Le prestazioni intellettive sono ora ai limiti inferiori della norma (Qi 0,70) sempre con profilo disarmonico per cadute nelle prestazioni visuo-spaziali e di performance.

Secondo i genitori l'adattamento all'ambiente scolastico e sociale in genere è buono anche se ultimamente sono comparse manifestazioni ansiose e varie paure (specie paura di ammalarsi e di essere punita).

5. *I criteri della valutazione e del recupero*

I criteri generali

Vogliamo premettere alcune considerazioni generali sulla valutazione.

Le funzioni della mente sono sempre complesse. Si possono fare valutazioni più o meno settoriali con strumenti e tecniche più o meno globali e più o meno attendibili. Queste tecniche variano naturalmente a seconda delle ottiche culturali relative alle patologie, ma anche a seconda delle esigenze di esattezza e delle disponibilità di tempo da impiegare negli esami.

Un quadro globale della patologia non è mai equivalente alla somma di sintomi settoriali, perché sull'analisi delle singole funzioni prevale l'organizzazione della personalità, ovvero la struttura dell'Io, il modo di essere, la capacità di sentire e di adattarsi all'ambiente.

Questo modo specifico di organizzarsi del mondo interno è particolarmente legato a ogni sindrome patologica, che riduce la variabilità rispetto alla norma e introduce comportamenti più rigidi, tipici di ogni quadro morboso. Esiste così un'organizzazione deficitaria della personalità specifica nel ritardo mentale, e poi un'organizzazione ansiosa, una depressiva, una *borderline*, una psicotica, ecc.

Ogni terapia e ogni intervento di recupero deve impegnarsi ad ampliare e consolidare gli spazi di potenzialità e conquistare comportamenti più autonomi, originali, adattati.

Per queste ragioni la valutazione di un disturbo psicologico è sempre un impegno complesso, da affrontare in un lavoro di équipe. Il criterio interpretativo basale deve partire da quello che è già noto per ogni patologia, cioè dalla descrizione analitica del disturbo, e dal suo inquadramento nel panorama degli altri disturbi (nosografia). Questo tipo di valutazione o di diagnosi non è quindi derivabile da un test (sempre più o meno settoriale e grossolano), ma è conseguenza della cultura clinica del medico specialista e della sua esperienza, che rimane il criterio basale discriminante.

Il concetto di nosografia merita una precisazione. È un termine che significa classificazione dei quadri morbosi secondo un lavoro statistico ed epidemiologico (cioè di indagine sulla diffusione del quadro). La diagnosi nosografica non deve costituire un'etichetta impropria attribuita ad ogni malato, perché questo mantiene invece ai nostri occhi un irriducibile originalità di sintomi, di decorso, di esiti, ma è solo un riferimento sommario ad un quadro di patologia con caratteri comuni, che ci permette confronti ed analogie di interpretazione. Infatti non è indifferente classificare un bambino come affetto da ritardo mentale, o autismo, o disturbo depressivo, poiché cambia ovviamente l'impostazione generale del trattamento e le previsioni dello sviluppo. Il rischio dell'«etichetta» può persistere agli occhi dei non specialisti, che possono farsi condizionare da pregiudizi scientifici o pseudoscientifici nella relazione educativa e sociale.

Suggeriamo ora a titolo di esempio alcuni degli esami più noti e diffusi, e di più facile attuazione, rimandando ogni dettaglio ai manuali di psicodiagnostica ed alle esperienze degli psicologi clinici.

Valutare le funzioni cognitive

Le funzioni cognitive, e cioè le funzioni del conoscere e del comprendere, sono molto complesse e richiedono analisi obiettive di prevalente competenza della psicologia clinica. Possiamo adottare una prima classificazione fra funzioni più generali (o distribuite) e funzioni più settoriali (o localizzate).

Per ogni funzione da esplorare le prove obiettive, validate e tarate su base internazionale, sono molteplici e vanno selezionate in rapporto ai quesiti specifici che ogni caso pone allo psicologo e all'équipe. Il criterio d'uso migliore sembra quello di iniziare la valutazione con prove più globali e procedere con quesiti più analitici, per evitare una eccessiva e talvolta fuorviante settorializzazione.

Fra le prove più globali ricordiamo quelle di maggior uso comune come la Scala Wechsler, specie la forma Wisc-R, adattata all'età evolutiva, che ci dà tre tipi di Qi: Qi verbale o Qiv, Qi di performance o Qip, Qi totale o Qit.

La Wisc-R appartiene alla serie di scale per la misurazione dell'intelligenza elaborate da Wechsler. È considerato uno dei test più validi per la valutazione delle potenzialità intellettive tra i 6 e i 16 anni ed è un valido strumento clinico e diagnostico per la valutazione educativa, delle abilità di apprendimento e di altre aree di abilità. La Wisc-R comprende 12 prove, 6 appartenenti alla scala verbale e 6 alla scala di performance.

La scala verbale valuta la capacità di risolvere problemi cognitivi proposti in forma verbale ed è composta dai subtest:

- Informazioni
- Somiglianze
- Aritmetica
- Vocabolario
- Comprensione
- Memoria di cifre

Ecco qualche esempio delle prime due voci.

- *Informazioni*

Età 6-7 anni:

– Come si chiama questo dito? (mostrare il pollice)	Pollice
– Quante orecchie hai?	Due

Età 11-13 anni:

– Quanti giorni ha la settimana?	Sette

Età 14-16 anni:

– Chi ha inventato la pila?	Alessandro Volta
– Che cosa sono i geroglifici?	Una scrittura figurata; una scrittura sulle piramidi; un'antica forma di scrittura; delle lettere usate dagli egiziani, ecc.

- *Somiglianze*

– In che cosa si assomigliano un gatto e un topo? Che cosa hanno di simile?

Punteggi per tipo di risposte:
– *2 punti*: una risposta indicante che sono animali o mammiferi o esseri viventi (esempio: vivono entrambi; sono vertebrati; sono tipi diversi di animali; entrambi a sangue caldo).
– *1 punto*: hanno quattro zampe; entrambi hanno gli occhi (pelo, orecchie, coda, baffi, ecc.); mangiano tutti e due; corrono tutti e due; fanno dei versi.
– *0 punti*: mangiano lo stesso cibo; si inseguono; non sono amici; sono piccoli tutti e due.

La scala di performance valuta invece l'abilità di risoluzione di problemi cognitivi proposti in maniera visiva tramite oggetti o figure, ed è composta dai seguenti sub-test:

- Completamento di figure
- Storie figurate
- Disegno con i cubi
- Ricostruzione di oggetti
- Cifrario
- Labirinti

Quando i bambini presentano gravi disturbi del linguaggio fino all'assenza dello stesso vengono usate scale completamente non verbali come la Scala Leiter (International Performance Scale Revised, 1997), utile nei bambini di età compresa tra 2 e 18 anni, o il test delle matrici progressive di Raven (1947-56).

Il test delle matrici progressive colore di Raven (Cpm) misura un aspetto generale della capacità di risolvere problemi astratti, in particolare la capacità di fare confronti, ragionamenti per analogia e di sviluppare un metodo logico di pensiero, indipendentemente dalle nozioni possedute. Lo spettro di applicabilità è ampio (per culture diverse, per livelli di scolarità anche bassi, per un ampio range di età), l'intervento delle componenti verbali risulta minimo, le modalità di somministrazione sono semplici e brevi. Il test consiste di 36 figure colorate (o matrici), come in figura 1, incomplete, in cui occorre individuare la parte mancante tra sei alternative. Le prove sono divise in tre serie con difficoltà progressiva.

Ci sono poi le scale derivate dal prototipo delle scale psicometriche (create da Binet-Simon nel 1905) come la Terman-

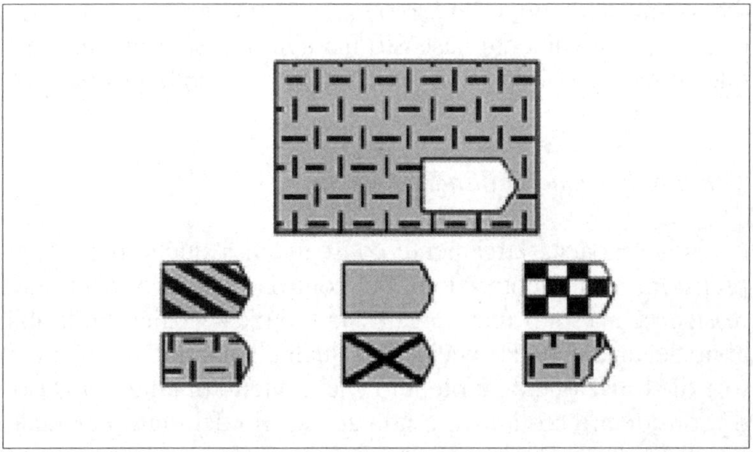

FIG. 1. Una delle 36 figure del test delle matrici progressive colore di Raven.

Merrill e la Brunet-Lézine, che ci danno un'età mentale e un quoziente intellettivo.

Meritano di esser citate le scale di derivazione piagetiana come la Uzgiris-Hunt, per la prima infanzia, e la Scala di Longeot, per lo sviluppo dell'intelligenza logico-concreta e del ragionamento, che si usa nell'adolescenza.

La Scala Uzgiris-Hunt è una scala ordinale di sviluppo che si riferisce alla teoria piagetiana e costituisce una guida per l'osservazione del comportamento di bambini piccoli, nella fascia di età tra 2 settimane e 2 anni. È composta di 6 sotto-scale riferite alle acquisizioni che avvengono nel periodo sensomotorio:

1) permanenza dell'oggetto;
2) sviluppo dei mezzi per ottenere eventi ambientali desiderati;
3) sviluppo dell'imitazione: vocale e gestuale;
4) sviluppo della causalità operazionale;
5) costruzione di relazioni spaziali tra oggetti;
6) sviluppo degli schemi di relazioni con gli oggetti.

Ad esempio per quanto riguarda l'area della «permanenza dell'oggetto» il bambino deve ritrovare un oggetto nascosto dietro uno schermo, prima solo parzialmente nascosto (sei mesi di età), poi totalmente nascosto ma con uno spostamento visibile (8 mesi), poi con uno spostamento invisibile (13 mesi).

Valutare le capacità di adattamento

Sono capacità largamente conseguenti a quelle della comprensione, delle motivazioni, del controllo emotivo, degli interessi, ecc., ma sono anche legate a fattori più specifici, attribuibili ai nuclei arcaici della specie, fra i quali gli istinti di attaccamento e di affiliazione. Si è ritenuto che il difetto di tali capacità sia da considerare costitutivo e non accessorio del ritardo mentale.

Per valutare l'adattamento si usano varie scale comportamentali. Esse sono costituite da quesiti standardizzati indiretti, cioè proposti alle persone più significative per il soggetto e per il suo ambiente di vita (genitori, insegnanti, ecc.). Si possono avere difformità importanti nelle risposte delle persone intervistate, ma questa difformità può essere utilizzata anche per conoscere i diversi tipi di relazioni sociali stabilite.

La più famosa e più validata scala di adattamento è la Vineland (Vineland Adaptive Behaviour Scale), che mette in evidenza molte funzioni sociali. Tra queste la capacità di comprensione e di espressione, la capacità di usare gli oggetti, l'autonomia, le abilità domestiche, le capacità di partecipare alla definizione di opinioni comuni e di rispettarle, secondo uno spirito democratico.

Nel 2003 è stata pubblicata una versione italiana, tarata sia per i bambini che per gli adulti. Ricordiamo che nei casi limite un soggetto può anche conseguire un titolo di studio ed esercitare una professione, ma se questa non è sostenuta da capacità reali si creano situazioni di sofferenza, di disadattamento, di fallimento sociale.

Il grande psicologo francese R. Zazzo diceva di aver incontrato nella sua vita molti esempi di questo disadattamento: persone con condotte disarmoniche che sembravano affette da disturbi della personalità e che rivelavano invece una inadeguatezza cognitiva ai ruoli che volevano esercitare.

Valutare le capacità scolastiche

Sono capacità legate al livello di cultura acquisito attraverso la frequenza scolastica. Il corso di studi pianifica anzitutto l'insegnamento dei pre-requisiti strumentali per ogni iter culturale e quindi l'insegnamento dei diversi tipi di culture (storico-geografica, letteraria, artistica, tecnologica, ecc.).

I pre-requisiti strumentali sono quelli per tradizione rappresentati dalla letto-scrittura e dal calcolo, che un bambino conquista attraverso un iter maturativo delle sue funzioni basali. Le tappe di queste acquisizioni sono approssimativamente definite per ogni fascia di età, per cui esistono livelli «accademici» prescolastici, elementari (I e II ciclo), secondari, superiori.

Le valutazioni di questi livelli possono essere condotte con prove scolastiche standardizzate, corrispondenti ai cicli dei programmi. E da queste prove si possono trarre confronti fra il profitto riscontrato nel caso in esame e il profitto medio dei bambini o adolescenti della stessa età.

Si può anche proporre una sorta di età scolastica e di «quoziente scolastico», da confrontare con l'età mentale e il quoziente intellettivo (psicodiagnostici) per ipotizzare il ruolo che ha avuto la scuola durante lo sviluppo.

Questo confronto può spiegarci il grado di parallelismo (rispettato o meno) fra la maturazione dei requisiti psicologici e le proposte dei target scolastici. Com'è possibile ad esempio insegnare la geometria solida a un alunno che non è capace di elaborazioni percettive, non sa rappresentare il proprio corpo e lo spazio tridimensionale, non possiede strumenti logici?

Ricordiamo il problema del limite prevedibile allo sviluppo delle capacità accademiche di un disabile, specie con ritardo mentale. Noi siamo del parere che ogni adolescente vada aiutato sempre, senza rassegnazione, a sviluppare le capacità sociali e l'adattamento. Ma questo si può perseguire senza forzature né ipocrisie per quanto riguarda la conquista di un titolo scolastico, orientando piuttosto il soggetto verso l'acquisto e l'uso di capacità professionali e sociali adeguate.

Valutare le capacità professionali

Sono il risultato della maturazione cognitiva e affettiva e di un lungo apprendimento di abilità specifiche. Ricordiamo che nell'anno 2000 l'Istat segnalava che in Italia le persone disabili in età lavorativa effettivamente occupate erano pari al 10-20%, contro il 50-60% dei loro coetanei senza disabilità. Il dato è preoccupante se pensiamo al valore intrinseco perduto dal mancato lavoro, sia per la società che per il soggetto disabile (perdita di occasioni insostituibili di maturazione, autonomia, identità, espressività).

Questo aspetto dell'occupazione sociale non è solo conseguenza di una disabilità più o meno grave, ma anche (e talvolta soprattutto) per l'incapacità del contesto lavorativo e sociale di adattarsi alle esperienze particolari dei disabili (vedi le esperienze positive delle comunità socio-sanitarie per disabili e quelle dei cosiddetti «laboratori protetti»).

Le capacità di esercitare una professione anche se umile richiedono come già detto sufficienti requisiti, che possono mancare nel ritardo mentale. La comprensione delle esigenze del lavoro richiede un sufficiente interesse al compito attribuito e alle sue gratificazioni, la capacità di interagire socialmente e di rispettare le esigenze del datore di lavoro o della struttura in cui il lavoro si svolge, il controllo emotivo e della condotta, una necessaria autonomia.

Queste capacità possono essere più difficili da assicurare della stessa comprensione ed esecuzione del compito affidato. Ma possono essere conseguite da un ritardato non grave, se questo viene addestrato e inizialmente assistito. Possiamo dire anzi che sono attitudini parzialmente indipendenti da quelle valutate con test psicometrici, perché molto legate a motivazioni e a rinforzo sociale, e per questo vanno sempre sperimentate in situazioni concrete. Si può partire con l'assegnare dei compiti modesti di tipo solo esecutivo (ad esempio quello di fattorino, di facchino, di pulizia domestica) e successivamente compiti che richiedono maggior disponibilità (ad esempio quelli di aiuto in una bottega artigiana o di aiuto in un esercizio commerciale o di un supermercato). Valutata l'autonomia, il controllo e le capacità di finalizzare la condotta (doti come già detto che vanno testate in un contesto specifico) si può arricchire e stabilizzare il compito affidato, e non di rado si può aspirare ad un impiego sicuro.

Se queste capacità non sono presenti il lavoro deve essere più sostenuto e controllato, come è assicurato nei laboratori protetti.

Valutare lo sviluppo della personalità

Valutare lo sviluppo della personalità e il suo equilibrio è sempre importante nei confronti di un ritardato mentale, soprattutto per capire se un disturbo istintivo, affettivo o comportamentale è parte del quadro stesso del ritardo, e quindi ne costituisce un aspetto, ovvero se è un disturbo autonomo (con proprie radici genetiche o acquisite), e quindi va curato come tale, o infine se ne è una conseguenza reattiva.

Le ipotesi sono tutt'altro che teoriche perché hanno una grande rilevanza clinica e terapeutica. Basti ricordare che, secondo l'Oms, nei ritardati mentali si può osservare tutta la gamma delle sindromi psichiatriche possibili in misura molto più consistente di quanto si osserva nella popolazione generale.

Le valutazioni sulla personalità sono infinite e, più spesso di altre, legate a dottrine interpretative specifiche.

Segnaliamo quelle più vicine a un'ottica descrittiva «ateoretica», che sono quelle più utili al lavoro di tutti i professionisti nella fase analitica del lavoro di équipe.

Fra queste la Child Behaviour Check-List (o Cbcl) di Achenbach, che permette di diagnosticare i disturbi «internalizzati» (ansia, depressione) da quelli «esternalizzati» (aggressività e disturbi del comportamento).

Dobbiamo ricordare infine che la diagnosi del tipo di ritardo permette un orientamento più specifico nella valutazione della personalità: i soggetti Down sono definiti come affettuosi e amichevoli, ma anche rigidi e oppositori; i soggetti con la sindrome dell'X fragile possono avere tratti autistici, e sono autolesionisti e intolleranti; quelli con la sindrome di

Prader Willi sono ossessivi e compulsivi; quelli con la sindrome di Williams sono ipersociali e iperloquaci; ecc.

Il lavoro di équipe e il piano di recupero

Capire e trattare un soggetto con ritardo mentale è un'impresa difficile. Chi ha esperienza sa anzitutto che bisogna affrontare questo compito con ottiche professionali diverse e complementari, perché la comprensione delle devianze di funzioni così complesse individuali e sociali, richiede culture e professioni distinte. Per questo è necessario un lavoro articolato e integrato in un unico team o équipe (l'espressione francese è quella più diffusa in Italia).

Le competenze e le professioni principali di questa équipe sono le seguenti:

- l'insegnante-educatore specializzato osserva e codifica il comportamento secondo la sua cultura ed esperienza, ricerca valutazioni obiettivabili secondo criteri diffusi, guida la proposta di un piano educativo, conseguente alla sintesi valutativa dell'équipe, si assume in prima persona la cura educativa cioè l'intervento fondamentale del recupero, e il coordinamento degli altri operatori;
- lo psicologo clinico analizza i singoli difetti funzionali dell'apprendimento e del comportamento con le tecniche del counseling e i criteri obiettivati della psicodiagnostica, collabora a definire gli aspetti quantitativi e qualitativi delle devianze; propone un progetto di intervento psicopedagogico;
- il medico specialista della patologia neuropsichica, cioè il neuropsichiatra infantile, ha il compito insostituibile di formulare una sintesi valutativa dell'équipe e cioè di definire il quadro clinico, nei suoi molti aspetti, proponendo una diagnosi strutturale e nosografica, nonché gli itinerari della patologia o patogenesi, e, se possibile, le cause prime che l'hanno determinata, biologiche e relazionali.

Si associano utilmente altri professionisti:

- l'assistente sociale analizza obiettivamente l'ambiente in cui il soggetto è nato e cresciuto (livello socio-economico della famiglia, livello culturale dei genitori, attitudini e capacità educative, fattori extrafamiliari, ambiente della scuola, ecc.), rilevando i fattori di «rischio» e di «protezione» e proponendo i più opportuni interventi sociali;
- il terapista del linguaggio o logopedista ha il compito di analizzare e obiettivare la maturazione linguistica in rapporto alle capacità cognitive e relazionali, il ruolo dei fattori di deprivazione, il ruolo di un eventuale intervento specifico sul linguaggio, utile o necessario, e proponendo indicazioni di trattamento educativo;
- il terapista della motricità (col diploma di «terapista della neuropsicomotricità dell'età evolutiva») ha il compito di analizzare il ruolo del movimento nella determinazione e nel recupero di un deficit globale, di proporre eventuali indicazioni di trattamento psicomotorio, di suggerire una fisioterapia specifica se vi sono paralisi cerebrali concomitanti.

In questa panoramica emergono due ruoli prevalenti:

- quello del medico specialista che, in qualità di maggiore esperto della patologia, propone e guida la coordinazione della diagnosi individualizzata e, in particolare, ipotizza gli itinerari della patologia (quanta e quale parte del ritardo è dovuta a carenze ambientali o relazionali, quale a fattori genetici o lesionali, quale a fattori affettivi, motivazionali o della personalità, ecc.);
- quello dell'insegnante-educatore specializzato, che deve proporre e coordinare tutti gli interventi di recupero, inserendoli in un'ottica educativa unitaria.

Ricordiamo che questi interventi devono essere curati in sinergia, cioè programmati insieme nel lavoro di équipe, realizzati separatamente da ogni professionista e poi ricondotti a una sintesi efficace dei risultati, sempre in équipe. Solo così si possono utilizzare tutte le competenze, evitare o correggere parzialità interpretative o curative, salvare la prospettiva unitaria del bambino o dell'adolescente che dobbiamo aiutare. Un'amara considerazione: quante distorsioni ideologiche dovute a culture parziali dei professionisti, quante prevaricazioni professionali dovute a protagonismi, onnipotenze o ignoranze!

La complessa attività di cui parliamo, che porta alla costruzione di un «piano di lavoro» efficace e realistico, e ad un insieme di interventi coordinati di recupero, ha il bisogno essenziale di selezionare i target secondo un criterio clinico di priorità, che tenga presente sia la modalità di costruzione delle funzioni complesse, sia le cause e gli itinerari della patologia. A questo fine è necessario anche definire (o meglio ipotizzare) un *timing* per ogni tipo di intervento, e cioè la quantità di tempo che si presume necessario per raggiungere un obiettivo funzionale (o un tipo di apprendimento). Questo *timing* rende più facile programmare le verifiche, le eventuali correzioni di orientamento, la definizione tempestiva di nuovi target.

6. *Le strategie di sviluppo delle funzioni cognitive*

Il trattamento

Con l'espressione «trattamento» (generica ma contestata perché ritenuta soltanto «medica») si intende un insieme di approcci al soggetto con ritardo mentale (specie in età evolutiva) mirante a un recupero almeno parziale di questa condizione psicopatologica. La premessa è che il ritardo mentale, pur essendo un disturbo grave e duraturo, non deve essere ritenuto per molte ragioni immutabile e senza speranza di correzione:

- perché il cervello umano è una struttura plastica e influenzabile, anche quando è leso o condizionato da messaggi genetici che ne rallentano lo sviluppo;
- perché la plasticità è massima in età evolutiva, quando tutto è in movimento e non c'è niente di immutabile negli aspetti biologici e nella struttura della personalità;
- perché i messaggi dell'ambiente, specie quelli selezionati e mirati, possono modificare le strutture neuronali e la stessa espressività genica.

L'approccio del recupero mira ad una prevenzione secondaria, che agisce in gran parte *dopo* le prime manifestazioni dell'incidente evolutivo, per prevenire i danni ulteriori, la loro fissazione e le conseguenze sociali (specie l'emarginazione che li trasforma in handicap permanente).

La prevenzione primaria, e cioè l'intervento per agire «prima» sulle cause biologiche, appartiene alla medicina (genetica, ostetricia, neonatologia, pediatria, neuropsichiatria).

C'è infine una prevenzione sociale, che mira a ridurre i fattori di rischio legati all'ambiente socio-culturale e a genitori inadeguati.

L'approccio del recupero è sempre molto empirico perché, nonostante i grandi progressi nello studio del cervello, non conosciamo ancora bene i circuiti compromessi dalle varie patologie, e in quasi la metà dei casi, non riusciamo neppure a mettere in evidenza le cause prime.

Gli studi sulle funzioni corticali superiori, e quelli sulle capacità cognitive e psicosociali che sono alla base dell'intelligenza, sembrano ancora iniziali. Del resto si può capire che i vertici funzionali della specie umana sfuggano ancora alla nostra analisi e ci appaiano meno comprensibili delle grandi scoperte fisiche o biologiche contemporanee. E quindi che gli aspetti patologici di queste funzioni rimangano oscuri.

Bisogna aspettare lo sviluppo delle scienze del cervello, che molte cose ci diranno anche sul ritardo mentale.

Nell'attesa di questo futuro una delle prime battaglie della medicina e della società è quella di combattere comunque la compromissione dell'intelligenza. Conosciamo e condividiamo gli impegni richiesti per lo studio sull'involuzione senile della malattia di Alzheimer (in una società che tende all'invecchiamento), ma il ritardo mentale – come già detto – è una sfida ancor più importante.

Il trattamento di cui dobbiamo parlare è anzitutto una tecnica di rapporto interumano con due obiettivi essenziali: stimolare, sostenere, indirizzare le capacità cognitive e l'apprendimento; arricchire, integrare, armonizzare la vita affettiva e l'adattamento sociale. Sono obiettivi e tecniche in senso lato pedagogiche, del tutto analoghe nei loro scopi a quelle adottate da ogni pedagogia. Ma nel ritardo mentale sono rese molto più difficili per il difetto di sviluppo delle capacità, per il difetto di astrazione e di interiorizzazione, per le difficoltà di rapporto con l'ambiente del ritardato.

Questa difficile pedagogia del recupero (detta anche ortopedagogia o psicopedagogia o educazione speciale, con significati praticamente uguali) deve essere analizzata nelle sue strategie fondamentali e orientata verso target specifici.

Gli interventi di recupero devono interessare a tutto campo il ritardo mentale e gli aspetti relativamente più elementari costituiti dalle funzioni strumentali, e cioè quelle senso-motorie e linguistiche, che condizionano gli scambi di stimoli e di messaggi con l'ambiente.

Per queste funzioni si deve attuare una stimolazione «ricostruttiva» dei ritardi e delle devianze.

Il ritardo percettivo-motorio è frequente e costituisce un fattore di rischio più o meno rilevante per le sintesi della conoscenza. L'educazione percettivo-motoria nel ritardo mentale non è propriamente una fisioterapia rivolta al controllo tonico posturale e cinetico di base. Si tratta infatti di influire sull'«immaturità» dell'organizzazione tonico-motoria che riduce l'esperienza.

Gli obiettivi educativi essenziali sembrano quelli (in comune con la fisioterapia) del controllo tonico, quando questo è alterato da un eccessivo ipertono o ipotono prima dell'iniziativa cinetica (per fattori neurofunzionali o emozionali). Questi obiettivi si perseguono con le tecniche del rilassamento e con gli esercizi di rappresentazione del corpo, globale e settoriale. Gli obiettivi più complessi sono, come già detto, lo sviluppo dei movimenti integrati, l'immagine del movimento, la programmazione motoria (che è già una funzione cognitiva), le capacità costruttive o espressive.

Questi obiettivi fanno parte di un settore di recupero che possiamo chiamare «terapia funzionale», con la sua relativa indipendenza dai processi globali di apprendimento e di adattamento.

Noi crediamo che questi interventi siano più o meno necessari o prioritari in rapporto alla tipologia del ritardo, ma comunque sempre utili quando l'insufficienza settoriale del movimento o del linguaggio riduce o compromette le funzioni superiori.

Le strategie dello sviluppo cognitivo possono essere pertanto analizzate come segue:

a) funzioni basali della vita di relazione: percezioni, motricità, linguaggio, nei loro stretti rapporti con la vita mentale;

b) funzioni del pensiero: pre-cognitive (attenzione, memoria, rappresentazione), cognitive e metacognitive;

c) nozioni culturali: strumentali (letto-scrittura e calcolo), storiche, letterarie, artistiche, tecnologiche.

Lo sviluppo delle funzioni basali

Le percezioni, la motricità, il linguaggio appaiono basali ed in buona parte preliminari allo sviluppo delle capacità superiori dell'apprendimento, dell'adattamento, dell'autonomia, della creatività. La loro stimolazione, in contiguità con le funzioni corticali superiori del cervello umano, può essere considerata una riabilitazione, una terapia, o una terapia riabilitativa. Si tratta di tecniche di recupero psicofisiologiche che appaiono relativamente settoriali e autonome nelle patologie circoscritte (ad esempio quelle percettivo-motorie o linguistiche delle paralisi cerebrali o dei difetti congeniti dell'apprendimento, tipo dislessia); ma (come vedremo) sono parti essenziali di una strategia più ampia del recupero, che sollecita processi astrattivi e adattivi nelle patologie più vaste dell'intelligenza come il ritardo mentale.

Le senso-percezioni. Bisogna perseguire anzitutto l'efficienza sensoriale visiva e uditiva, che ha un'importanza fondamentale per l'attivazione di tutte le funzioni mentali. È necessario un controllo della vista, cioè dell'oculomozione (strabismo), della rifrazione (miopia, ipermetropia, astigmatismo), dell'acuità (ambliopia), del campo visivo, ecc., con eventuale e tempestiva protesizzazione (occhiali) o esercizi di ortottica.

L'udito esercita un ruolo essenziale, specie per i modelli

linguistici che precocemente rendono possibile lo sviluppo del linguaggio espressivo nella sua complessità, come veicolo di messaggi e come guida della condotta (linguaggio interiorizzato). Anche per questo canale occorrono esami e certezze precoci e l'uso eventuale di protesi acustiche negli ipoudenti (sordi o sordastri).

Ad esempio si può arricchire l'ambiente di messaggi che possano interessare attraverso i canali sensoriali, specie se ricchi del rinforzo emotivo che genera motivazioni conoscitive. Bisogna poi favorire l'integrazione interpercettiva e percettivo-motoria (intermodale) che costituisce una prima sintesi. L'esempio più elementare è quello che compare nel lattante quando impara a volgere il capo, guardare e afferrare un oggetto (schema dell'occhio-capo-mano) ricco di valore conoscitivo e appropriativo. Gli schemi complessi di questo tipo precedono nello sviluppo l'analisi percettiva separata proprio per questa loro ricchezza motivazionale.

Le percezioni mettono in moto una complessa elaborazione fino alle sintesi conoscitive (gnosie), alla rappresentazione fissata nella memoria, all'astrazione e alla concettualizzazione.

L'educazione percettiva è quindi basale, specie quella che permette le rappresentazioni più significative tra cui la rappresentazione del proprio corpo (o schema corporeo), la rappresentazione dello spazio esterno tridimensionale, la rappresentazione della successione temporale in cui si colloca tutta l'esperienza percettiva.

La *motricità (o psicomotricità)*. È la funzione che rende possibile un movimento complesso con finalità costruttiva ed espressiva. Si possono distinguere alcuni aspetti funzionali che sono insieme target riabilitativi:

- l'equilibrio del tono muscolare, che permette il rilassamento, l'agilità, la forza, la rapidità, l'economia dello spazio motorio; lo sviluppo di posture adeguate, come quelle antigravitarie, la stabilità del tronco e del capo, le mobilità degli arti, l'equilibrio statico e dinamico;

• la conquista degli automatismi, ovvero di sequenze motorie apprese, facilmente attivabili senza presa di coscienza, subordinate ed integrate nei movimenti complessi;

• la capacità di movimenti settoriali, senza coinvolgimento globale, specie legati alla indipendenza delle due mani e alla collaborazione fra la mano dominante e quella «ancillare»;

• l'esperienza propriocettiva (o sensibilità muscolare), che consente l'apprendimento di movimenti complessi, la rappresentazione mentale dei movimenti, l'esperienza del corpo (schema corporeo), ed anche, insieme alle afferenze visive, l'esperienza dello spazio esterno;

• l'immagine del movimento o schema mentale del movimento, che consente l'acquisizione di prassie o programmi motori complessi finalizzati secondo un fine o una intenzione (come ben illustrato da Piaget);

• l'inventiva e l'originalità gestuale e mimica, che consentono trasmissioni di messaggi;

• la costruttività, che ha permesso all'uomo di diventare *habilis* o *faber*.

Molte patologie compromettono queste funzioni, e rendono necessari esercizi mirati e spesso efficaci (vedi la letteratura sulla riabilitazione psicomotoria).

Le sindromi patologiche più frequenti sono le seguenti:

• le paralisi cerebrali con riduzione o abolizione più o meno settoriale del movimento volontario, alterazioni toniche, persistenza di automatismi o movimenti involontari;

• le paralisi periferiche con abolizione settoriale del movimento volontario, riduzione del tono e atrofia muscolare;

• la *debilité motrice*, o infantilismo motorio, con difficoltà generale nei movimenti fini, globalismo dei movimenti, alterazioni del tono;

• l'iperattività, spesso associata a un difetto di attenzione, con irrequietezza continua, difficoltà di applicazione, impulsività.

Il linguaggio. Si possono analizzare i disturbi del linguaggio come difetti di trasmissione o ricezione di messaggi. La trasmissione implica capacità fonologiche (uso di suoni linguistici); capacità sintattiche (uso di una frase, prima contratta poi complessa), per trasmettere una richiesta o un giudizio; capacità semantiche (conquista e trasmissione dei significati), ecc.

Il ritardo mentale compromette spesso lo sviluppo corretto del linguaggio con disturbi di pronuncia, povertà di contenuti espressivi, difetti di sintassi, scarso interesse comunicativo e narrativo, disturbi di intonazione e di ritmo. In alcune sindromi specifiche del ritardo mentale il linguaggio è globalmente inferiore alle capacità cognitive di base, non verbali o pratiche (ad esempio nella sindrome di Down), in altre appare superiore con dissociazione fra organizzazione formale buona e contenuto povero e poco adeguato al contesto (ad esempio nella sindrome di Williams). I contenuti linguistici sono comunque sempre relativi al grado e al tipo di difetto cognitivo e devono essere riabilitati insieme a questi.

Si possono distinguere alcuni principali target riabilitativi:

- ampliare il vocabolario recettivo ed espressivo, per ottenere poi combinazioni di parole sempre più varie e complesse;
- stimolare le associazioni fra gesto e parola (capacità *cross-modali*);
- favorire le funzioni sintattiche di base e ampliare la comprensione di frasi semplici con significato narrativo, richiestivo, predicativo (di giudizio);
- migliorare la fonologia (pronuncia), sempre in collegamento con i significati;
- favorire la coerenza e l'efficacia comunicativa (pragmatica);
- favorire l'interiorizzazione del linguaggio come guida della condotta (linguaggio interno);
- stimolare la memoria linguistica;
- stimolare l'interesse comunicativo nel disegno e nel gioco;
- stimolare l'intonazione espressiva nella recitazione e nel canto.

Gli ambiti principali riguardano anzitutto le funzioni dell'attenzione, della memoria e della rappresentazione, cioè le funzioni pre-cognitive.

L'attenzione. È la capacità di localizzare e selezionare gli stimoli nell'ambiente e di rispondere ad essi. Non è possibile esaminare né stimolare questa capacità fuori dal contesto delle altre funzioni cognitive. L'attenzione è legata alla capacità di rappresentazione di uno stimolo (un sonaglino, una parola, un avvertimento) e alla programmazione di azioni per ottenere un risultato. Nel bambino piccolo è una capacità limitata a uno o pochi stimoli ma si rende sempre più «multifocale» con l'età e la maturazione cognitiva. Un'attenzione molto labile e dispersa si associa spesso all'iperattività motoria e all'impulsività (Attention Deficit Hyperactivity Disorder, detta secondo l'acronimo inglese Adhd).

Una cura farmacologica, efficace ma labile, è quella degli psicostimolanti (specie il metilfenidato) ma ci sono possibili effetti secondari e difficoltà nella prescrizione. Gli interventi educativi di rinforzo dell'attenzione sono costituiti da molti tipi di esercizi: invito all'autovalutazione (cioè l'osservazione e il ricordo dei propri comportamenti), tecniche di rinforzo (premi sulla base di punteggi), addestramento ad autoimpartirsi ordini semplici («fermati», «guarda», «ascolta»), riflessioni sulla prestazione e sulle sue conseguenze, riduzione della lunghezza dei compiti proposti, suddivisione del compito in parti, aumento degli stimoli proposti (colori, forme, dimensioni del materiale ludico ed anche dei giocattoli), invito alla solidarietà di gruppo e utilizzazione di rinforzi collettivi.

Una particolare tecnica che sembra favorire i processi di attenzione è il rilassamento muscolare, specie quello del cosiddetto «training autogeno» che inizia con l'invito all'attenzione e alla rappresentazione del proprio corpo o di parti di esso.

La memoria. Si distingue una memoria immediata di cifre, lettere, parole, che cresce regolarmente dalla prima infanzia all'età adulta. Lo sviluppo della memoria visiva precede quello della memoria verbale. La memoria immediata appare legata all'attenzione e alla velocità di elaborazione dell'informazione. Il legame fra intelligenza e memoria è molto discusso. Le ricerche più recenti dimostrano che nel ritardo mentale i processi di memoria possono essere normali ma è compromessa la cosiddetta «memoria di lavoro», implicita in gran parte delle operazioni mentali, che condiziona l'intelligenza e l'apprendimento. Le componenti della memoria sono varie e non possiamo qui riferirle. Ricordiamo che determinante è l'insieme di operazioni di controllo sull'uso dei processi di memoria (o metamemoria).

L'individuazione dei disturbi di memoria è un compito difficile e complesso perché le variabili sono multiple (età, tipo e grado del disturbo, motivazione e ambiente, esperienze pregresse, natura del materiale, tipo di codifica richiesto, intervallo fra esperienze e richiamo, ecc.).

La memoria nel ritardo mentale appare comunque diffusamente compromessa nei vari aspetti, e ciò sembra in rapporto con la minore efficienza e rapidità di elaborazione dell'informazione. Per la memoria cosiddetta a «breve termine» si può avere un danno legato all'aumento della quantità di informazione, per incapacità selettiva degli stimoli, per difetti di motivazione, per incapacità di strategie di memoria. Ci sono tuttavia eccezioni a questi difetti di memoria, legati a fattori «specifici» tuttora oscuri (ad esempio nell'autismo).

Non sembra che esistano trattamenti diretti e selettivi sulla memoria in quanto tale, e cioè sulle capacità di base legate a meccanismi neuropsicologici in sé poco modificabili. Certamente invece sono più influenzabili i difetti legati alla povertà di esperienza e di motivazione, come succede nel ritardo mentale. In questo caso è possibile un addestramento al controllo strategico della memoria, specie nelle prestazioni della cosiddetta «memoria di lavoro».

La rappresentazione. Una fondamentale funzione precognitiva è quella della rappresentazione mentale del mondo fisico esterno, esplorato con gli organi di senso. Ma è molto importante anche la rappresentazione dell'esperienza del proprio corpo, o schema corporeo, esplorata con la propriocezione muscolare, la vista, i borborigmi viscerali.

La rappresentazione mentale è anzitutto rappresentazione degli oggetti percepiti e dei rapporti fisici di distanza, intervallo, localizzazione spaziale (giudizi topologici). Le prime sintesi percettive (sintesi fra informazioni visive, uditive, tattili, ecc., cioè *intermodali*) consentono l'attribuzione di significato e il persistere dell'esperienza attraverso appunto i meccanismi della rappresentazione e della memoria.

La rappresentazione è una costituente essenziale del movimento intenzionale, diretto ad uno scopo (prassia), che ha bisogno appunto di una immagine mentale per un corretto programma spazio-temporale. Si tratta quindi di un processo che prepara ogni azione (*feed-forward*) e rende poi possibile un controllo dei risultati (*feed-back*).

Le funzioni rappresentative sono alla base di tutta la vita mentale e consentono atti cognitivi sempre più complessi e autonomi, fino a quella invenzione o creazione originale di attività del pensiero che è la fantasia. Esse sono precocemente investite dagli affetti (di attrazione, di repulsione, di compiacimento, ecc.) che sembrano essere il vero motore di tutta l'attività cognitiva. Esse animano e guidano tutta l'attività inconscia ed anche il sogno.

Il ritardo mentale comporta anche una povertà rappresentativa e quindi un difetto di capacità di sintesi cognitivo-affettive e di fantasia. Questi processi possono essere stimolati in molti modi: il ricordo di immagini, il disegno, la narrativa, la recitazione, i media, gli esercizi di schema corporeo, il rilasciamento, i giochi topologici, ecc.

La cognizione. Il processo preliminare del ragionamento è

il cosiddetto *problem solving*, cioè l'attribuzione di una gerarchia e di un significato alle informazioni e quindi la programmazione e il controllo delle risposte. Nel ritardo mentale c'è un difetto di elaborazione centrale e di procedure, anche se la raccolta di informazioni e la esecuzione delle risposte può funzionare. Il difetto di elaborazione centrale sembra costituito prevalentemente da insufficienza dei processi di attribuzione e di comprensione dei significati delle esperienze, cioè di trasformazione di uno stimolo in una funzione cognitiva più astratta (simbolica) e viceversa.

In altre parole è disturbato il processo di inserimento di un'esperienza in una categoria di stimoli conosciuti, e la sua elaborazione all'interno di un ragionamento. Nel ritardo mentale ci sarebbe una povertà generalizzata di questi processi di simbolizzazione o gnosie, per meccanismi ancora poco noti. Si discute se questo processo possa esser talvolta settoriale, cioè «modulare», con isole conservate di capacità normali (come negli *idiots savants*), forse per facilità acquisita di alcuni processi che diventano dominanti rispetto alla perdita degli altri.

Il trattamento di questi difetti nucleari del ritardo mentale è difficile e incerto, ma una possibilità di approccio è la semplificazione dell'informazione e la guida diretta alla sua elaborazione. Sembra certo che quando si riesce a tradurre una capacità potenziale del cervello in una esperienza conseguente (manipolare, riconoscere), questa esperienza consenta un apprendimento, e questo a sua volta genera competenze più complesse. Ma le competenze complesse non bastano quando non hanno accesso ai livelli di integrazione funzionale superiore. In questi casi l'esercizio di una capacità (ad esempio la ripetizione) non è sufficiente, e può essere sterile; per ottenere l'apprendimento si devono, in questo caso, insegnare al ritardato nuove strategie cognitive.

La metacognizione. La metacognizione è la strategia della conoscenza, cioè la capacità di pianificare, programmare e controllare i processi dell'apprendimento. Si tratta di un aspetto nucleare e specifico dell'intelligenza umana che sembra compromesso nel ritardo mentale e quindi ne rappresenta una sua fondamentale componente. Questo difetto, studiato particolarmente nella memoria, riguarda ogni atto mentale e cioè anche l'attenzione, la rappresentazione e l'atto cognitivo in sé.

Una caratteristica specifica del ritardo mentale sembra quindi la debolezza delle funzioni metacognitive, con possibile normalità delle abilità cognitive di base. Da questa convinzione hanno preso origine molti programmi di trattamento che mirano a far ricordare, automatizzare e generalizzare ogni acquisizione, trasferendola ad altri contesti meno familiari. Cioè ad aumentare la flessibilità (o ridurre le rigidità) della dipendenza da schemi innati e automatici, e nello stesso tempo automatizzare nuove competenze. In questo modo si liberano energie e spazio mentale per modalità più evolute della conoscenza.

I rapporti fra consapevolezza dell'esperienza e automatizzazione dei comportamenti sono complessi e vari in ogni individuo e in ogni contesto, e non sempre l'automatizzazione di certe funzioni è un pre-requisito necessario per quelle più complesse (vedi il rapporto fra i pre-requisiti della lettura e la comprensione di un testo). Esistono infatti sicuramente meccanismi cognitivi fortemente influenzati dalle capacità di rappresentazione e dalle motivazioni affettive.

Alcuni sistemi «computazionali» (come quelli della lettura, scrittura, linguaggio) possono essere appresi ma non essere usati in modo intelligente e quindi essere poco utilizzabili per la conoscenza, perché manca la capacità di una loro valorizzazione strategica (cioè metacognitiva).

Nello sviluppo normale, e nei progetti di recupero di un ritardo, bisogna operare affinché i due livelli, automatico e consapevole, cioè esecutivo e strategico, siano in equilibrio per una feconda influenza reciproca. L'errore sta nell'insegnare competenze (ad esempio leggere, scrivere, contare) senza strategie (comprendere e applicare a problemi concreti), o anche viceversa, proporre strategie senza competenze sufficienti. Le strategie vanno sicuramente insegnate attraverso una paziente pianificazione e imitazione di modelli, e questo costituisce un capitolo fondamentale del trattamento di un ritardo mentale. Ma la conoscenza di una strategia non basta per la sua utilizzazione, perché postula le condizioni più vaste dell'apprendimento, le rappresentazioni, le motivazioni, le esigenze dell'adattamento.

La trasmissione di informazioni culturali

La trasmissione dei messaggi culturali della società contemporanea al soggetto con ritardo mentale assolve a due grandi compiti: quello di fornire gli strumenti necessari al miglior adattamento possibile, e quello di assicurare gli stimoli necessari al miglior recupero delle capacità cognitive.

Fra i messaggi basali ci sono certamente quelli accademici dell'alfabetizzazione, cioè della letto-scrittura e del calcolo. Si tratta di capacità conquistate e perfezionate nel lungo sviluppo della specie, e quindi potenziali nel cervello umano, e tuttavia bisognose di stimoli educativi specifici per essere attualizzate in ogni individuo.

Queste capacità possono essere compromesse da fattori genetici o lesionali, e in questo caso esigono strategie specifiche di «abilitazione» che non possiamo analizzare in questa breve sintesi.

Bisogna ricordare che per ogni prestazione complessa, legata ad una funzione corticale superiore (tipo le funzioni simboliche del movimento complesso, lo schema corporeo, il linguaggio, ecc.) occorrono schemi genetici costruiti e perfezionati attraverso la selezione e l'adattamento per milioni di anni. Questi schemi non sono *appresi* ma sono appunto *innati*, e non è pensabile che si possano costruire nel breve arco di una vita. Per questa ragione l'assenza patologica di questi schemi in alcune malattie genetiche rare, senza altri difetti, costituisce un deficit grave (in rapporto alla funzione compromessa), scarsamente emendabile con gli esercizi della riabilitazione (vedi i tenaci disturbi della lettura nella dislessia, le goffaggini motorie globali, il mancato interesse precoce per gli occhi e per il volto materno negli autistici, ecc.). Ma nelle prestazioni complesse sono in causa anche molti fattori che vengono acquisiti nella storia individuale: l'organizzazione tonica dei muscoli, l'efficienza sensoriale, le funzioni pre-intellettive dell'osservazione e della memoria, le capacità cognitive e metacognitive, le motivazioni, il rinforzo dei risultati e dei riconoscimenti sociali. Lo sviluppo di questi fattori, che appare necessario per l'attuazione e l'utilizzazione delle disposizioni genetiche, può essere compromesso da carenze di stimoli o da fattori lesionali acquisiti. Questi deficit acquisiti possono essere oggetto delle strategie riabilitative ed educative, e per questa via si possono recuperare le prestazioni complesse.

Quando affrontiamo nella scuola i target socialmente importanti della alfabetizzazione bisogna ricordare che le funzioni corticali superiori connesse con la lettura, la scrittura e il calcolo non sono costruibili per sommatoria di capacità, dalle più elementari alle più complesse. Non si apprende la lettura (nel normale come nel disabile) imparando a riconoscere ogni singola lettera, poi le sillabe, poi le parole, poi le frasi, ma elicitando, cioè favorendo, lo sviluppo di capacità cognitive, sintetiche e rapide (gnosie) che rendono possibile la comprensione di figure grafiche complesse (le parole e le frasi), ricche di significato. È il significato, socialmente utile nella comunicazione, che permette l'interesse e l'apprendimento delle unità elementari (ad esempio le lettere e le parole).

Queste riflessioni ci portano a schierarci a favore di metodi di insegnamento più globali, descritti all'inizio del '900 dal grande pedagogista O. Decroly e da molti pedagogisti successivi. Sappiamo che nei vari tipi di disabilità possiamo trovare molti fattori patologici che ostacolano le conquiste di una funzione complessa. Per questi fattori un addestramento analitico può essere utile o necessario (per il controllo visivo, quello motorio, lo spazio, il ritmo, ecc.), ma dobbiamo ricordare che il target di questi interventi non è direttamente la funzione complessa ma le sue pre-condizioni funzionali. Bisogna cioè sollecitare queste pre-condizioni e attendere il manifestarsi spontaneo della funzione corticale superiore presente per filogenesi, anche se latente per patologia acquisita. In questo senso nella lettura può essere utile un insegnamento analitico col metodo fono-sillabico, riconoscendo però la sua funzione riabilitativa indiretta e preparatoria. Perché ciò che è analitico non è necessariamente più semplice o più facile, essendo più facile invece una funzione più vicina all'uso, al significato, alla motivazione, che può essere successivamente analizzata (Decroly). Queste grandi intuizioni sono ampiamente confermate oggi e suggeriscono strategie di insegnamento diverse non solo in rapporto al tipo di disabilità ma anche alle sue cause. Certamente ci sono bambini tardivi o disabili che imparano a leggere più facilmente col metodo globale, quando prevale l'esigenza di dare una motivazione e un significato alle lettura. Altri preferiscono invece un metodo più analitico, quando hanno bisogno di una guida sistematica per acquisire i pre-requisiti funzionali.

Analoghe considerazioni (che non possiamo sviluppare in questa sede) valgono anche per l'apprendimento della scrittura, del calcolo, del movimento complesso espressivo e costruttivo.

L'alfabetizzazione è possibile quando si sono sviluppati alcuni pre-requisiti percettivi, motori, linguistici e cognitivi, il che avviene nel bambino normale fra i 3 e i 6 anni (controllo della mano, dello spazio, dei rapporti segni-significati, ecc.). Occorre ad esempio una sufficiente capacità rappresentativa per controllare l'analisi che è necessaria, ed una iniziale «reversibilità» del pensiero per costruire e manipolare le classi degli stimoli (i segni, le parole, le frasi).

È un appuntamento fra «natura» e «cultura» che si ripete in

ogni generazione, affinché sia possibile trasmettere ai figli le conquiste dei padri, cioè le conquiste acquisite dalla civiltà, e procedere verso un progresso teoricamente indefinito. Il cervello umano moderno senza handicap è pronto a ricevere i messaggi della cultura fino dai primi anni della vita: aspetta soltanto l'insegnamento e la scuola.

Ma nel ritardo mentale i pre-requisiti possono essere conquistati più tardivamente e in modo incompleto o distorto. In questi casi bisogna lavorare sulle premesse dell'alfabetizzazione per superare gli ostacoli e per favorire l'emergenza delle attitudini genetiche.

Gli insegnamenti oltre l'alfabetizzazione devono trasmettere la cultura del tempo e del luogo: la storia dell'umanità, lo spazio fisico e l'ambiente, le leggi della vita, le norme sociali, la storia del pensiero e della conoscenza, la tecnologia, la produzione artistica, ecc., cioè la conoscenza del mondo e dei suoi abitanti e lo sviluppo potenzialmente infinito della cultura e della civiltà.

Questo sviluppo aumenta i gradi di autonomia (molte scelte, molti modelli, molte esperienze) e quindi favorisce la libertà, l'originalità, la creatività, che sono i primi requisiti dell'intelligenza.

Nel ritardo mentale restano molti vincoli e molte dipendenze: i limiti dei processi astrattivi spingono verso un controllo dell'esperienza solo concreta, e impediscono le funzioni astrattive; la condotta è più vincolata ai modelli circostanti; le conoscenze e le amicizie sono vissute passivamente; il pensiero è più angusto e più stereotipo. E tuttavia, come abbiamo già detto, restano gli attributi morali della personalità, gli affetti, le capacità relazionali, le esperienze soggettive di autonomia. La trasmissione della cultura comunque, in famiglia e nella scuola, è sempre uno strumento insostituibile per favorire l'interiorizzazione dell'esperienza e l'adattamento.

Il livello di certezze nelle scienze neuropsichiatriche e in quelle psicopedagogiche è ancora molto scarso nonostante le conquiste importanti del secolo scorso. Sono stati formulati tanti quesiti che attendono il vaglio della sperimentazione obiettiva e dell'esperienza degli operatori. Ma il quesito più delicato e complesso, di natura epistemologica, riguarda il rapporto fra medicina e pedagogia, cioè fra un approccio descrittivo e interpretativo delle devianze biologiche (primo fra tutte del ritardo mentale) e un approccio finalizzato alla modifica delle componenti ambientali e relazionali della patologia e, quindi, delle competenze di adattamento. In altri termini fra capire e curare. Oggi più di ieri sappiamo di essere obbligati ad un intervento unitario, perché i geni ed il cervello determinano il comportamento e quindi l'ambiente, ma l'ambiente a sua volta modifica il comportamento e quindi il cervello e persino i geni.

Osserviamo lo sviluppo attuale delle due scienze. La neuropsichiatria può spiegare oggi molte cose nuove sulla biologia e sulla psicologia umana, fino a suggerire interventi complessi e sofisticati sulle dinamiche patologiche della vita mentale. Ma ha trascurato fino ad oggi i problemi dell'approccio educativo e sociale richiesto da ogni tipo di patologia. Da ciò è derivata l'autosufficienza di molti operatori, la scarsa collaborazione interprofessionale e quindi l'incapacità di un trattamento efficace. La psicopedagogia ha maturato sensibilità e interessi conoscitivi sulla difficoltà di apprendimento e di comportamento, ma ha proposto solo indirizzi generali e tecniche settoriali, spesso prive di conoscenze sull'iter patologico di ogni disabilità e quindi autoreferenziali e sterili.

Le due competenze al di là delle buone intenzioni sono rimaste lontane, prive di complementarietà, e spesso antagonistiche, con danno evidente per la comprensione e per il trattamento dei disabili. Non resta che l'auspicio di nuove intese.

L'evoluzione di una sindrome di Down

Manuela di anni 18 vive in una città della Toscana con i due genitori e un fratello più grande. La mamma e il papà sono insegnanti di scuola superiore, il fratello studia Fisica all'Università.

Manuela è affetta dalla sindrome di Down che le è stata diagnosticata alla nascita. La madre all'epoca aveva 40 anni, ma non aveva praticato l'amniocentesi. La comunicazione della diagnosi viene ricordata dalla madre come un evento traumatico: «Mi dissero che era una bimba Down, che non sarebbe mai stata normale, che non avrebbe mai parlato... poi non mi dettero alcun consiglio. Mi ricordo che io e mio marito non riuscivamo più nemmeno a darle il nome per battezzarla. Dopo il primo periodo di smarrimento ci siamo rivolti a un centro di neuropsichiatra infantile che ci ha dato i primi indirizzi di trattamento, un'informazione completa sulla sindrome e ci ha messo in contatto con l'Associazione famiglie persone Down».

Manuela ha avuto uno sviluppo psicomotorio ritardato, ha camminato a 26 mesi, ha cominciato a parlare a 3 anni. Aveva i caratteri somatici della sindrome di Down, ma a detta dei genitori era «carina», tranquilla e socievole.

Su consiglio del neuropsichiatra infantile è stata inserita nella scuola materna a 3 anni con un insegnante di sostegno. Nella classe era abbastanza integrata e protetta dagli altri compagni. Giocava poco ed era spesso lamentosa, cadeva frequentemente, per cui evitava i giochi di movimento. Ha frequentato tutte le classi elementari e medie con insegnante di sostegno. Ha imparato i primi rudimenti di lettura e scrittura, ma non riesce nelle operazioni aritmetiche. È capace di fare disegni semplici ed usa con efficacia i colori, è ambiziosa nel vestire. Il linguaggio è sempre povero e conglutinato con tono di voce basso. In famiglia è ben accettata anche dal fratello, per il quale Manuela nutre un grande attaccamento.

I genitori dopo l'iniziale periodo di depressione e sgomento hanno sempre cercato di far condurre a Manuela una vita abbastanza normale. Poiché la ragazza ha buone capacità relazionali e di adattamento la portano spesso con loro anche in gita fuori della città. La ragazza dice di sé: «Sono di statura normale, ma un po' grassa e ho gli occhiali. Sono allegra, vado in bicicletta e aiuto la mamma in casa».

L'équipe neuropsichiatrica pensa di inserire prossimamente Manuela in un corso di apprendistato per vetrinista.

7. *Le strategie di sviluppo della personalità*

Per dire qualcosa sulle strategie di trattamento della personalità nel ritardo mentale, adottiamo una semplificazione concettuale ed empirica di ciò che sappiamo sulla personalità e sui suoi principali costituenti secondo le teorie psicodinamiche: le funzioni dell'Io, il Super-Io e l'ideale dell'Io, le relazioni inconsce, i meccanismi di difesa (o di *coping*), il controllo dell'impulsività, dell'umore e dell'ansia, il controllo della condotta.

Gli interventi possibili

Le cosiddette «funzioni dell'Io» nel ritardo mentale, con il loro ruolo di sintesi, di identità e di adattamento, appaiono immature e insufficienti. Per questo gli appelli all'autocritica, alla coerenza, alla sincerità sono spesso vani, mancando a diversi livelli, nell'infanzia e nell'adolescenza, un sufficiente sentimento di identità e un bisogno di essere se stessi, di differenziarsi, e anche di contrapporsi, che è tipico della personalità integra, specie dopo la pubertà. In questi casi l'adulto può offrire nella relazione il proprio Io come «ausiliario», o supplemento, di un Io debole, suggerendo forza e coerenza (il modello e l'esempio).

Anche il Super-Io, descritto come riferimento essenziale del dover-essere e come modello di autorità genitoriale interiorizzata, appare debolmente strutturato e poco integrato con gli istinti e con le esigenze dell'ambiente. Altre volte è rigido, «tirannico», incapace di suscitare forze positive di adattamento, fonte di difese eccessive e disarmoniche.

L'adulto può indicare i valori morali di generosità, di solidarietà, di sublimazione delle spinte più elementari e cieche, e può offrire un ideale dell'Io che diventi bussola e riferimento della personalità.

Le relazioni inconscie, attivissime in tutte le età e in tutte le patologie, e poco valutate nel rapporto educativo, sono costituite dalle proiezioni e dalle identificazioni che possono essere utili e benefiche. Ma nel ritardo mentale assumono spesso il significato di difese rigide e sterili.

Una particolare proiezione patologica è quella chiamata *identificazione proiettiva*, in cui il soggetto ritardato scinde la propria personalità e proietta su un altro (un amico, un familiare, un educatore) la parte peggiore di sé.

Per tutti questi meccanismi, che formano una rete di sentimenti, di ansie, di convinzioni, costitutiva di ogni rapporto, il ritardato appare fragile, in balia dei sentimenti altrui, esposto ai pericoli di ogni aggressione consapevole e inconsapevole. L'adulto deve essere in grado di intuire gli aspetti negativi o patologici del mondo in cui vive il ritardato, per chiarire e sostenere. A questo fine è molto utile una preparazione psicodinamica, acquisita attraverso un training personale. In particolare è indispensabile intuire la forza e il significato di una relazione inconscia che può condizionare ogni comportamento (il *transfert*), e anche la propria partecipazione inconscia alla relazione (il *controtransfert*).

I meccanismi di difesa e di controllo (o di *coping*) sono sentimenti inconsci che guidano ogni nostro comportamento. Sono *patterns* (studiati per prima da Anna Freud) che hanno il grande valore di preservare l'equilibrio interiore nelle tempeste della vita. Possono essere tuttavia esagerati e rigidi, creando sentimenti di sofferenza e condotte disarmoniche (nevrotiche).

Nel ritardato questi meccanismi sono spesso inadeguati, o

rigidi, o poveri, per cui non riescono a difendere l'Io né assicurano l'adattamento. L'adulto può intuire, rendere coscienti, sostenere, sublimare.

L'impulsività è spesso un corollario della debolezza psicologica strutturale, per difetto di interiorizzazione dei sentimenti e difetto di Super-Io. Si può associare ad affetti superficiali, a oscillazioni dell'umore, a difetti di attenzione e ad iperattività, specie nella sindrome Adhd. Significa incapacità di dilazionare una gratificazione e di interiorizzare una pulsione o un desiderio.

È un sintomo frequente del ritardo mentale e può condurre a condotte autolesive o aggressive.

L'ansia, che è la paura di un pericolo o di un'aggressione, può essere intensa, paralizzante, fonte di grande sofferenza e di inibizione sociale. I ritardati sono spesso in situazione di allarme per scarsa capacità di decifrare l'ambiente. L'adulto può spiegare, rassicurare, sostenere.

La depressione è l'incapacità di provare la gioia di vivere, di sperare nel futuro, di programmare nuovi comportamenti. L'adulto può aprire questi orizzonti.

Il controllo della condotta è molto importante nel ritardato perché il suo difetto appare spesso legato al difetto di critica e di Super-Io. Questo difetto genera impulsività (col ruolo di sintomo associato), che può essere corretta sollecitando il «decentramento» psicologico (cioè la capacità di riconoscere le regole oggettive e le esigenze degli altri), sviluppando il Super-Io, introducendo meccanismi di gratificazione aggiuntiva.

I disturbi che abbiamo elencato, ed altri ancora, frequenti ma non costanti nel ritardo mentale, possono essere considerati connessi intrinsecamente col ritardo intellettivo, e quindi conseguenze di esso. Ma talvolta sono sintomi autonomi, che si associano al ritardo nella cosiddetta «comorbidità», con proprie dinamiche e propria evoluzione. La frequenza di questa associazione è molto elevata poiché la patologia della personalità nei ritardati è 3-4 volte maggiore di quella riscontrata nei soggetti normodotati. Questo rischio, che deve essere conosciuto da tutti gli educatori e gli operatori, può generare l'errore frequente di attribuire al ritardo mentale sentimenti, condotte, difficoltà che hanno genesi autonoma e diverse condotte di trattamento (compresa quella farmacologica).

Resta da ricordare il valore del modello nell'educazione in genere, e ancor più nel ritardo mentale. Il modello personologico dell'educatore (genitore, insegnante, amico) ha un ruolo fondamentale e insostituibile. I grandi educatori della storia (non i medici, o gli psicologi, o i pedagogisti) hanno conquistato i giovani molto più col loro esempio che con le loro dottrine, proponendosi come incarnazione dei valori morali, di sincerità e autenticità, di equilibrio, di attaccamento, di generosità, di solidarietà, di pace sociale.

Se nel ritardato gli orizzonti dell'astrazione e della critica sono poveri, possono persistere invece le spinte verso modelli reali, che suscitano interessi e affetti veri. Questo è un modo molto efficace ed insostituibile di proporre obiettivi di abilitazione e di recupero.

L'autonomia, la comunicazione, l'apprendimento

Poiché il ritardo mentale è un disturbo unitario dello sviluppo (anche se multiforme) bisogna pensare ad un processo riabilitativo globale e non sporadico che abbracci tutte le funzioni, tutte le espressioni del comportamento e tutto il mondo soggettivo.

Gli obiettivi principali del trattamento sono quelli di sollecitare i due grandi processi evolutivi compromessi od ostacolati nel ritardo mentale: quello dell'elaborazione sempre più astratta della esperienza verso i traguardi del pensiero logico, e quello della costruzione di un mondo interno soggettivo, distinto e contrapposto rispetto al mondo della realtà esterna e oggettiva. Questi processi devono essere sollecitati anzitutto con tecniche educative e rieducative, specifiche per ogni fascia di età e per ogni soggetto. Cioè accanto ad un percorso deviante occorre proporre un percorso ricostruttivo basato sull'esercizio, l'esperienza, la consapevolezza, un percorso non sporadico ed artificiale, come può essere l'esercizio della funzione singola, ma costante e finalizzato.

La riabilitazione del ritardo mentale ha come obiettivo principale il recupero possibile dell'autonomia e dell'indipendenza, finalizzato all'integrazione sociale.

La riabilitazione vuole contrapporsi anzitutto alla dispersione, alla vaghezza, alla frammentazione, ma soprattutto al vuoto d'iniziativa e all'inerzia che caratterizza negativamente la giornata di un ritardato mentale, cioè vuole proporre la tesi che solo attraverso un progetto di attività variamente finalizzato, consapevole e riferito a una utilità soggettiva o sociale, è possibile esercitare le funzioni compromesse della vita di relazione.

Alla base di questi concetti ci sono molte concezioni neuropsicologiche. Le ricerche di neuropsicologia e psicodinamica dimostrano che un esercizio funzionale, ad esempio percettivo o motorio, modifica ed aumenta stabilmente i circuiti cerebrali. Questo aumento tra l'altro può essere visibile con le nuove tecniche di visualizzazione del cervello in risonanza magnetica. E.R. Kandel ad esempio ha dimostrato, nel 1997, che l'esercizio motorio di una mano aumenta in tempo rapido l'area cerebrale interessata.

Altrettanto può dirsi per le funzioni cognitive che hanno un'ampia base motivazionale, senza di cui gli esercizi riabilitativi sono sterili e caduchi.

Il concetto di riabilitazione così inteso è molto vasto, abbracciando le attività di cura della propria persona, di costruzione e di ordine degli ambienti di vita, di gioco (specie di gioco sociale), nonché di attività socialmente utili che introducono o sostituiscono un lavoro professionale. Tutto questo può essere proposto ad un disabile come attività finalizzata ad un'utilità personale e sociale, ai fini cioè di un maggiore benessere soggettivo e di una migliore integrazione con l'ambiente.

Sappiamo che questa attività è necessaria alla costruzione evolutiva di una funzione. Come la relazione precoce madre-bambino è il presupposto necessario alla costruzione della mente individuale, così la comunicazione sociale è necessaria alla costruzione dell'Io.

Si riafferma cioè il primato dell'interazione e della motivazione su ogni aspetto dello sviluppo e su ogni attività di recupero funzionale.

Nei paragrafi successivi analizzeremo alcuni tra i principali obiettivi della riabilitazione:

- la spinta verso l'autonomia;
- la ricchezza della comunicazione;
- l'apprendimento dall'esperienza.

La spinta verso l'autonomia

Il bambino sano arriva all'autonomia precocemente, attraverso l'esperienza di sicurezza corporea. Si tratta di una conquista elementare, ma essenziale durante tutto l'arco dell'età evolutiva. Le prime paure del lattante (paura di cadere a pezzi) sono quelle connesse con l'esperienza della gravità, con le percezioni somatiche non integrate, con gli insulti degli agenti fisici ambientali (la temperatura, il calore, il contatto). Non a caso le prime conquiste di sicurezza sono quelle della prima identità corporea connessa con l'accudimento, il sostegno materno, l'esperienza dello specchio, ecc.

Sicurezza significa anche autonomia, e cioè conquista della separazione dall'adulto allevante, piacere dell'iniziativa, piacere della conoscenza e dell'esplorazione.

Per i sentimenti di autonomia e di sicurezza si possono distinguere gli aspetti più fisici da quelli più psicologici.

La *sicurezza fisica* richiede la coscienza di una stabilizzazione posturale, di un controllo della gravità e di una sempre migliore organizzazione spaziale, lo sviluppo della rappresentazione del corpo come un solido geometrico che occupa spazio (e non solo come superficie), una conoscenza del corpo come punto di riferimento, origine ed arrivo di ogni relazione sociale, una capacità di controllo del proprio spazio corporeo e di difesa da ogni insulto che proviene dall'ambiente.

Per *sicurezza psicologica* intendiamo anzitutto una sufficiente autostima con calcolo e controllo dei rischi assunti nel confronto con gli adulti e con i pari; un'esperienza del legame affettivo come accettazione delle offerte nell'amicizia, una esperienza di solidarietà; una capacità di tolleranza della competizione, delle frustrazioni e delle aggressioni, e in particolare una capacità di sopportare la sfida e l'insuccesso nonché di valorizzare i successi; e ancora la capacità di autonomia connessa con la partecipazione ad un gruppo, la capacità di subordinazione e di *leadership*.

Questi aspetti della sicurezza fisica e psicologica sono molto spesso compromessi nei ritardi mentali, e la riabilitazione deve renderli più consapevoli ed integrarli nell'Io.

Nel ritardo psicomotorio, che spesso prelude ad un ritardo mentale, il sintomo più importante ai fini dello sviluppo è quello dell'insicurezza posturale-relazionale, con gravi conseguenze sullo schema corporeo, sugli scambi precoci, sulla manipolazione degli oggetti e su tutte le funzioni simboliche.

In questi casi il cullamento, la pulizia della cute, l'inseguimento di oggetti oscillanti, i giochi di equilibrio, le altalene, i giochi di capriole, i salti, gli scivoli, ecc. possono essere occupazioni e giochi della vita quotidiana per aumentare la sicurezza corporea del bambino disabile.

Nel ritardo mentale c'è insicurezza e passività, conseguenti ad un difetto delle prime sintesi astrattive, delle percezioni, delle conoscenze del corpo e dello spazio.

Gli interventi educativi devono favorire ed esaltare i successi, specie nell'ambito delle funzioni rappresentative: il ricordo di persone conosciute, di personaggi noti, di situazioni vissute e conosciute, dei racconti e delle fiabe. Con questo materiale bisogna esercitare lo smontaggio e il rimontaggio delle sequenze di un avvenimento per favorire la costruzione dei nessi, di classe, di sequenze, di cause e di effetto, e quindi sviluppare il pensiero *reversibile* (cioè capace di rappresentarsi una sequenza di fatti anche in direzione inversa).

Nei disturbi della comunicazione, spesso associati ai quadri di ritardo mentale, si evidenzia un mancato interesse per gli scambi sociali e un conseguente isolamento, oppure un difetto di accesso ai simbolismi della comunicazione, soprattutto preverbali e verbali. Ciò porta ad una ulteriore insicurezza basale, legata alla povertà di scambi e di messaggi simbolici.

Spesso si associano disturbi d'ansia e dell'umore, con un'esperienza soggettiva di abbandono, di isolamento e anche di colpa, che porta il bambino a sofferenze diffuse, anche corporee.

In queste condizioni la sicurezza del bambino è basata sulle certezze di affetto e di sostegno da parte degli adulti allevanti. Gli esercizi terapeutici possono illustrare in vario modo (specie attraverso il gioco drammatico) gli esempi di abbandono reale, tratti dalle favole, di abbandono temuto, di sofferenze, di sicurezza ritrovata; nonché i molti gradi delle paure nei confronti di pericoli esterni.

Tutto ciò dovrà essere adattato al mondo interno del bambino, affinché costituisca un'esperienza di certezza e di forza e non vada oltre le sue capacità di tolleranza.

Nella fanciullezza si possono costruire occasioni idonee, familiari, scolastiche, ludiche, sociali, per sperimentare il grado di sicurezza, rinforzarlo con sostegno adeguato e soprattutto renderlo cosciente per favorirne l'integrazione nella personalità. Ad esempio esercizi di autonomia motoria a difficoltà crescente, ma graduati sulle capacità di successo (che hanno un grande valore di rinforzo). Esperienze di controllo della superficie corporea attraverso varie modalità di pulizia, di abbigliamento nonché di ornamento (lavarsi, pettinarsi). Controllo, ordine e pulizia dell'ambiente di vita come strumenti essenziali del proprio benessere e dell'accettazione sociale. Esperienze di integrità corporea attraverso una ginnastica costantemente monitorizzata nella programmazione e nei risultati. Esercizi di competizione con esperienze di successo e di insuccesso, analizzate e valutate prima singolarmente e poi in gruppo.

Una particolare area della sicurezza e dell'autonomia è quella della cura della propria persona, dell'alimentazione e delle attività della vita quotidiana (*daily activities*).

L'autonomia resta un grande fattore di sicurezza e di sviluppo della personalità. Bisogna proporre occupazioni idonee alle capacità mentali di questi soggetti, e capaci di offrire gratificazione nel confronto con gli altri e successo sociale anche se modesto.

Il rinforzo dell'autonomia negli adolescenti può essere ottenuto sia sotto forma ludico-competitiva, sia sotto forma di risposta alle esigenze della vita quotidiana (trovare un indirizzo, orientarsi in un percorso stradale, giochi di costruzione, riparazioni semplici di oggetti domestici).

Qui come altrove bisogna segnalare al paziente l'esigenza di un compito complesso, la sua difficoltà ad assolverlo e la possibilità di un successo con il sussidio di una tecnica o di una nuova metodologia. Infine mettere in evidenza il successo conseguito come mezzo necessario per ulteriori conquiste.

È importante far acquisire il finalismo di un'attività nei confronti di un'esigenza personale o sociale, quindi le strategie efficaci e possibili, e infine la loro automatizzazione.

La ricchezza della comunicazione

La comunicazione sociale (verbale ed extra-verbale) è una tipica funzione umana per il livello di complessità che ha raggiunto nello sviluppo della specie, ed ha una grande capacità di strutturare il mondo interno, soggettivo. Un valore così essenziale per cui si è dimostrato che non esiste uno sviluppo del mondo interno senza un'interazione interpersonale.

Cioè la comunicazione sociale del bambino, ai diversi livelli di complessità, organizza retroattivamente il mondo soggettivo. Già H. Wallon aveva detto che il gesto del bambino «modifica l'ambiente e chi lo fa». E ciò vale ancor più per i suoni linguistici, secondo le illuminanti intuizioni di L.S. Vigotsky e di J. Piaget.

Inoltre tutta la psicoanalisi dell'infanzia (già da Anna Freud), ha dimostrato il valore organizzativo della comunicazione affettiva (secondo D. Winnicott, un bambino da solo «non esiste» perché c'è anzitutto la coppia). Ciò è confermato dalla moderna neuropsicologia.

Le attività dirette a migliorare la comunicazione appaiono innumerevoli.

Nei primi anni di vita una attività significativa è costituta dall'esercizio del *pointing*, che sviluppa l'attenzione condivisa con l'adulto, e successivamente il canto, la recitazione, la capacità narrativa, il rispetto dei turni nel dialogo, il gioco sociale. Questi obiettivi sviluppano nel bambino la consapevolezza del proprio ruolo sociale, e soprattutto il riconoscimento dell'interlocutore come diverso da sé, e come fonte imprevedibile di messaggi.

Nel ritardo del linguaggio, specifico o non specifico, sono utili le attività mirate all'incremento delle competenze lessicali, all'organizzazione morfologica e all'evoluzione di abilità morfosintattiche complesse.

Un target specifico dell'educazione è quello di favorire l'assunzione di un ruolo sociale e la coerenza espressiva con tale ruolo. Utile a questo proposito il gioco drammatico e cioè la capacità di immedesimarsi in un personaggio fantasticato assumendone le sembianze fisiche (travestimento, maschera, trucco), imparando le sequenze relazionali proprie del personaggio e la capacità di trasmettere un messaggio coerente ad un pubblico di spettatori. Utili specialmente i giochi in cui l'adulto e i bambini assumono a turno, mimandoli, ruoli diversi che gli altri devono indovinare.

Per la comunicazione extra-verbale è molto importante il

disegno, la pittura, il ritaglio, i collage, i puzzle, il modellaggio, le costruzioni, e tutto ciò che consente al bambino di arricchire le sue modalità di relazione, anche e soprattutto inconsce, per il loro valore proiettivo del mondo interno.

Il target della comunicazione in adolescenza appare naturalmente importante in tutte le patologie difettuali, ma soprattutto in quelle in cui si associano isolamento, povertà espressiva, inibizione sociale. In questi casi la riabilitazione deve ricercare i modi per costruire messaggi e sviluppare l'interesse per scambiare informazioni ed emozioni nuove.

L'apprendimento dall'esperienza, il gioco e il lavoro

Bisogna ricordare che l'apprendimento corrisponde a una funzione biologica connessa con la vita animale (vivere è apprendere secondo K. Lorenz), che ha raggiunto un livello di complessità enorme nella specie umana. Nello sviluppo della nostra specie non è stata privilegiata una progressiva e indefinita specializzazione di competenze generali ma piuttosto l'acquisizione di capacità e di tecniche offerte dall'ambiente circostante. Ciò ha aumentato l'originalità degli individui e ha premesso un progresso teoricamente indefinito. In questo senso l'apprendimento dall'ambiente deve essere inteso come aspetto biologico essenziale della specie umana, poiché una parte delle conquiste funzionali non è iscritta nei geni, né nel cervello, ma viene trasmessa dagli adulti allevanti.

In condizioni normali un buon funzionamento della struttura cognitiva permette la capacità di «apprendere dall'esperienza», cioè la capacità di modificare continuamente le proprie capacità per utilizzare i nuovi dati della esperienza stessa in una sorta di metabolismo cognitivo che è alla base della vita mentale.

Il soggetto con ritardo mentale sembra avere una difficoltà a questo livello perché non riesce ad integrare i dati esperenziali attuali, che consentirebbero nuove capacità.

Fin dall'inizio della vita c'è normalmente un piacere epistemico, cioè del conoscere, legato all'esplorazione del proprio corpo e del corpo materno, nonché dello spazio e dell'ambiente, e successivamente il piacere di un funzionamento mentale sempre più complesso, più ricco di elaborazione e di astrazione. È noto che l'interazione sociale più piacevole è quella più ricca di apprendimento, basata sull'imprevedibilità dello scambio. La presenza del piacere di conoscere e di eseguire operazioni mentali nuove è stato considerato in psicopatologia come un segno favorevole dello sviluppo, e quindi un segno di una buona prognosi.

Il piacere del conoscere è alla base del gioco, prima «funzionale» come esplorazione e controllo di una funzione, e quindi «sociale» come arricchimento e utilizzazione degli scambi interattivi. Il gioco è stato considerato spesso, specie in età scolare, solo come alternativa di un apprendimento codificato ed imposto. Esso è invece un tipo insostituibile di apprendimento, basato su una scelta ed un'iniziativa autonoma e sul piacere conseguente. Nel primo sviluppo e nelle patologie disabilitanti il gioco ha un grande valore di apprendimento perché tende a conquistare le tappe più elementari della conoscenza che rendono più interessanti e più accessibili le successive.

Alcune ricerche hanno evidenziato il ruolo fondamentale dell'adulto, ed in particolare quello della madre, nell'iniziare il bambino allo spirito ludico e nel promuovere e sostenere il gioco simbolico.

La madre trasmette al bambino l'idea che tra i tanti modi di fare le cose c'è quello di farle per il piacere di farle, cioè trasmette uno «spirito ludico». Alcune ricerche hanno dimostrato in bambini d'età compresa fra i 20 e i 28 mesi che il gioco è molto meno ripetitivo, e quindi di livello superiore, quando la madre si coinvolge direttamente in esso. I piccoli fra i 18 e i 24 mesi richiedono maggiormente il coinvolgimento della madre quando sono impegnati in giochi di finzione, come se chiedessero di essere sostenuti nella scoperta del nuovo mondo dei simboli.

Anche osservazioni svolte nei nidi e nelle scuole materne hanno evidenziato che il bambino cerca con lo sguardo l'approvazione e il sostegno dell'adulto nei primi giochi simbolici.

Nel ritardato spesso le capacità di giocare sono scarse ed inadeguate, e nello studio delle interazioni precoci madre-bambino è stato notato che le madri mostrano una scarsa partecipazione al gioco del figlio e hanno difficoltà a sostenere il gioco simbolico. In questi casi si dovrà creare un contesto adatto alla comparsa del gioco di finzione intervenendo con interazioni o suggerimenti, ma anche mostrando direttamente come si fa (ad esempio dando da mangiare ad una bambola).

Con questi obiettivi noi riteniamo che il gioco riabilitativo debba avere alcuni requisiti specifici:

• deve eccitare il bambino per conquistare il suo interesse, ma non troppo, per la pericolosità di un risveglio istintuale incontrollato;

• deve riprodurre la realtà interna ed esterna ma non fotografarla, per dare spazio all'illusione creativa (è questo lo spazio «transizionale» di Winnicott per cui le bambole troppo concrete, o i *videogames* con animazione realistica dei personaggi, tolgono spazio alla creatività);

• deve contenere una relazione personale che richiami quella primaria con le figure dei genitori, perché non c'è gioco senza relazione significativa;

• deve essere espressione libera e diretta del Sé, cioè del vissuto, e quindi avere i requisiti essenziali della soggettività e della imprevedibilità, cioè essere un modo personale di raccontare la propria esperienza, che costituisce la premessa del pensiero libero futuro.

Quindi il gioco troppo eccitante, i giocattoli realistici, il gioco isolato, il gioco troppo guidato rischia di non essere più un gioco ma un'esperienza regressiva e deviante, spesso inutile e talvolta dannosa.

Nel bambino e nell'adolescente è consigliato anzitutto un gioco di gruppo (meglio se piccolo gruppo), con condivisione di compiti adeguati alle capacità, e con evitamento per quanto possibile di competizioni dirette.

Riportiamo qui di seguito un esempio di gioco che viene svolto in un piccolo gruppo di bambini con ritardo mentale e disturbi del linguaggio che frequentano il nostro Istituto per un trattamento riabilitativo.

All'inizio viene chiesto ad ogni bambino di elencare, in un minuto di tempo, quanti più oggetti possibili appartenenti alla categoria di significato «ambienti della casa», chiedendogli di pensare ad esempio solo alla cucina. Segue a questo tipo di esercizi una fase di addestramento, della durata di circa un mese, in cui i bambini vengono esposti, con procedure ed attività variate, ad un *training* lessicale impostato nel modo seguente:

a) introduzione da parte di un operatore, dell'argomento, in forma di racconto sulla «casa» con l'ausilio di grandi cartelloni murali contenenti le illustrazioni della casa e dei suoi ambienti. Questo primo *step* ha la funzione di motivare il bambino e di rendere più interessante e gradevole il compito di ampliare le proprie conoscenze sull'esistenza di determinati oggetti e sull'utilizzo dei termini corrispondenti;

b) descrizione del primo ambiente (cucina) con particolare riguardo alle funzioni di questo ambiente all'interno della casa, e con esposizione di tutto quanto è ritenuto utile ai fini dell'apprendimento degli elementi di questa area di significato e delle relative sottocategorie. In particolare vengono effettuate tre ripartizioni: «mobili», «accessori», «cose da mangiare»;

c) segue la richiesta ai bambini di parlare delle proprie esperienze relative a questi argomenti descrivendo in particolare ciascuno la propria cucina, le cose preferite da mangiare, la posizione dei mobili, la presenza all'interno di questi particolari accessori ed utensili;

d) quindi attività di ritaglio, da parte dei bambini, di figure di oggetti appartenenti alle sottocategorie sopra elencate tratte da giornali illustrati. Ciascun bambino con l'aiuto dell'educatore ha poi il compito di denominare ciascuna figura e di incollarla in appositi cartelloni, ciascuno rappresentante un mobile della cucina (frigoriferi, armadietti, ecc.);

e) viene infine utilizzato un supporto concreto, una casetta di legno sufficientemente grande da consentire ai bambini di effettuare un'esperienza più diretta che consiste nel collocare all'interno di ciascuna stanza, i mobili e gli accessori in miniatura corrispondenti.

Una occupazione terapeutica ricca di grandi valenze riabilitative è la recitazione, sia nella seconda e terza infanzia che nell'adolescenza. Solo una maschera conosciuta, un abbigliamento, un oggetto evocativo di una funzione, possono stimolare gli attributi di un ruolo sociale, i caratteri di un personaggio noto e fantasticato. Attorno ad un personaggio si può ricostruire una vicenda narrativa, una novella: novella di cui si può impostarne e suggerirne lo svolgimento, oppure si può lasciarla a schema libero per favorirne il valore creativo e proiettivo.

Per stimolare il desiderio del gioco bisogna che le azioni proposte siano gradevoli sul piano funzionale, con offerta di ausili per il movimento che richiedono un certo grado di equilibrio e di destrezza e una vasta gamma di soluzioni. La competizione, utile a certi livelli, può essere intesa come superamento di sé in prove successive, piuttosto che come gara agonistica. Altro elemento essenziale del gioco è l'imprevisto che contiene il caso e l'assenza di responsabilità (ad esempio gioco di carte). Altro aspetto importante è un certo numero di regole da rispettare che stabiliscano percorsi e comportamenti favorendo l'interiorizzazione delle norme sociali.

Ricordiamo anche che il gioco, nello sviluppo, precede il lavoro, e cioè i comportamenti spontanei e guidati dal piacere precedono quelli codificati e guidati dal dovere (A. Freud).

Quindi nelle disabilità più gravi e complesse le occupazioni ludiche devono precedere e favorire quelle lavorative.

Un compito relativamente difficile può essere proposto come mezzo di soddisfazione e gratificazione e successivamente rivestito di significato sociale e cioè presentato come contributo lavorativo.

L'addestramento al lavoro o meglio le occupazioni prelavorative devono essere selezionate sulla base delle capacità e possibilità di ogni disabile, e devono portare a capacità reali utilizzabili socialmente. Gli esempi possono essere molti, ad esempio la preparazione di pezzi elementari di una macchina, il cambio di moduli, l'assemblaggio di dispositivi informatici, fino alla valorizzazione di capacità più elevate ma settoriali.

Ricordiamo inoltre che (come già Piaget aveva messo in luce), adolescenti con ritardi e difetti di maturazione intellettiva possono migliorare nella loro organizzazione cognitiva, con passaggio da una fase di pensiero ad una superiore, se messi a contatto con ambienti di tipo lavorativo piuttosto che scolastico tradizionale, con insegnamenti che implicano più il «fare» e «l'azione» che un apprendimento teorico.

Ricordiamo infine che il ritardo mentale non è soltanto una patologia da difetto ma anche una patologia d'uso. Cioè i soggetti ritardati usano poco e male le risorse a loro disposizione. Per questo è necessario migliorare l'uso dell'intelligenza disponibile con le tecniche cosiddette «metacognitive». Queste cercano di aumentare la consapevolezza delle proprie competenze e del patrimonio delle strategie che il soggetto è in grado di apprendere ed usare.

Tutte le volte che si favorisce questo atteggiamento più attivo i risultati sono molto migliori.

La storia di Luigi

Un caso di X fragile con inserimento lavorativo

Luigi è un ragazzo di 18 anni che lavora in una fattoria come apprendista e in particolar modo è stato adibito a guidare il trattore, operazione che Luigi svolge con estrema attenzione e perizia.

La storia di questo ragazzo è particolare.

Fin da piccolo i genitori, persone sane e normali, avevano notato che Luigi sfuggiva ogni comunicazione sociale, restava isolato, aveva uno sguardo evitante, non socializzava con i coetanei. Il linguaggio si era sviluppato in ritardo e a 5 anni era ancora povero, poco aderente al contesto, con prosodia monotona e cantilenante.

Visitato da un neuropsichiatra infantile fu fatta diagnosi di «autismo atipico», Luigi venne inserito in 1ª elementare con la maestra di sostegno, con risultati sul piano dell'apprendimento molto scarsi anche perché era molto disattento e iperattivo.

Nel tempo, mentre le manifestazioni di instabilità motoria e i disturbi di apprendimento si accentuavano, i tratti autistici e di scarsa comunicazione tendevano a diminuire. Contemporaneamente i genitori notarono qualche cambiamento nell'aspetto fisico, specie del volto, e precisamente una faccia allungata con padiglioni auricolari prominenti che prima Luigi non aveva.

Un ulteriore approfondimento neuropsichiatrico con ricovero presso il nostro istituto modificò la diagnosi del caso. Venne diagnosticata la cosiddetta sindrome dell'X fragile o di Martin Bell, sindrome che interessa più i maschi che le femmine, è legata ad un'alterazione cromosomica strutturale (sito fragile nella parte distale del braccio lungo del cromosoma X) e che è responsabile di circa l'8% di tutti i pazienti affetti da ritardo mentale.

La diagnosi nel caso di Luigi venne eseguita sia basandosi sugli aspetti somatici, sia sul profilo psicopatologico (ritardo mentale lieve più disturbi autistici e instabilità psicomotoria), sia sull'analisi genetica con le moderne tecniche di genetica molecolare.

Luigi ha frequentato successivamente le scuole elementari e la scuola media sempre con sostegno e nel tempo è andato migliorando specie negli aspetti comportamentali. Ora è sufficientemente socievole e comunicativo. Permane un certo difetto linguistico e il deficit mentale di grado lieve con caduta specifica nelle abilità visuo-spaziali.

Come già detto il ragazzo è inserito come apprendista in una fattoria dove lavora guidando il trattore.

Ha ottenuto la patente di guida e accompagna a casa in auto anche il suo istruttore.

8. *Gli altri interventi di recupero*

Quello che abbiamo detto sugli obiettivi e le tecniche del recupero di un ritardato mentale appartiene a un'ottica educativa, che ci sembra basale, e riguarda essenzialmente le famiglie, la scuola, il servizio sanitario, il mondo del lavoro, la società in genere. Si devono ricordare tuttavia altre tecniche e altre competenze, molto specifiche e settoriali, più o meno efficaci e talvolta essenziali nei vari aspetti della patologia.

Queste informazioni corrispondono all'esigenza di affrontare il ritardo mentale con tutti i mezzi possibili per ottenere un risultato, ricordando che gli itinerari della patologia sono multipli, complessi, intrecciati, per cui ogni intervento che prende origine da una sola competenza, anche qualificata, può essere insufficiente.

Quindi, ancora una volta, bisogna ricordare le necessità di competenze e di professioni multiple e sinergiche.

Gli altri tipi di intervento, che ricordiamo brevemente, corrispondono per così dire ai due estremi dell'edificio mentale: da un lato le condizioni bio-funzionali, dall'altro le elaborazioni e le dinamiche più complesse dell'inconscio e della mente.

La farmacoterapia

Il primo tipo di intervento è quello rivolto agli aspetti basali e preliminari della vita istintivo-affettiva con strumenti biologici, cioè farmacologici. È noto che esistono molecole «psicoattive», molto selezionate che possono avere questi effetti e debbono entrare quindi nei progetti terapeutici. Quando un difetto grave di attenzione, un'ansia patologica, una depressione affettiva, un impaccio nel pensiero, una rigidità della condotta, una aggressività oppositoria o distruttiva compromettono in modo serio l'apprendimento e l'adattamento, oggi sappiamo di poter usare farmaci rigorosamente selezionati e controllati, con effetti indesiderati minimi o assenti, che possono migliorare ogni processo di recupero. E ciò vale soprattutto quando queste manifestazioni sono relativamente acute e circoscritte.

L'uso dei farmaci (nelle mani di un medico esperto, integrato da un'équipe pluriprofessionale) non può mai essere un intervento isolato, ma deve sempre essere coordinato e integrato, come detto più volte, con una terapia educativa o psicologica, fatta di atteggiamenti, di affetti e di parole. Questi interventi psicologici sono assolutamente primari per stabilire un ponte e un'alleanza, senza di cui gli interventi settoriali o biologici appaiono sterili.

Il pregiudizio secondo cui tutti i farmaci hanno un alto livello di rischio si è dimostrato errato. Infatti una cura farmacologica saggia ed equilibrata può ritenersi innocua e vantaggiosa.

Ricordiamo, ad uso dei medici specialisti ma anche delle équipe, le condizioni generali, ma efficaci, di una prescrizione terapeutica:

a) fare sempre precedere una diagnosi sintomatologica, sindromica e nosografica (per quanto possibile) della patologia;

b) valutare gli aspetti dimensionali dei sintomi, la loro durata e continuità, la possibile evoluzione nella patologia dell'adulto;

c) identificare i sintomi prevalenti o bersaglio ed il loro livello di quantità;

d) impostare una relazione psicoterapica immediata, che

tenga conto degli aspetti strutturali della personalità e che possa interagire con i farmaci a medio e a lungo termine;

e) conquistare la collaborazione (*compliance*) del paziente e dei suoi familiari;

f) monitorare l'effetto dei farmaci sui sintomi bersaglio, sulla sindrome e sulla personalità;

g) monitorare la comparsa di effetti indesiderati ed affrontarli eventualmente con correzioni terapeutiche, integrative o sostitutive.

Non esistono al momento attuale farmaci diretti al recupero delle capacità intellettive in un ritardo mentale. Forse in futuro esisteranno, quando capiremo meglio i meccanismi patologici che determinano il difetto mentale in quanto tale.

Esistono invece farmaci per obiettivi specifici collegati col ritardo (premesse o conseguenze), fra cui specialmente i disturbi d'ansia, dell'umore, della condotta, della personalità.

Ricordiamo che gli psicofarmaci sono stati utilizzati nei soggetti con ritardo mentale più per interventi di contenimento comportamentale che a seguito di una diagnosi strutturale, e cioè con schemi razionali di riferimento.

Diversi quesiti sono ancora aperti, relativi ad esempio alla sensibilità dei ritardati alle specifiche categorie di psicofarmaci, all'incidenza di effetti collaterali (che sembra maggiore nei ritardati), all'esistenza di fattori predittivi per l'efficacia clinica e per gli effetti non desiderati, ai tempi di risposta alla terapia (probabilmente i più lunghi), alla tendenza all'assuefazione e alle reazioni di sospensione; infine ai fattori che sono legati alla accettazione (*compliance*) del soggetto e dei familiari.

Per i disturbi dell'umore nei ritardati mentali i farmaci più usati erano, fino a epoca recente, gli antidepressivi triciclici (il cui prototipo è l'imipramina) ma l'effetto clinico era evidente solo dopo una latenza molto lunga e vi potevano essere effetti collaterali spiacevoli come le convulsioni. Più recentemente i farmaci antidepressivi nei ritardati sono anzitutto i cosiddetti «serotoninergici», in gran parte privi di effetti secondari. Questi farmaci appaiono molto utili anche nelle manifestazioni ossessivo-compulsive e aggressive. Vi sono infine gli antiepilettici «modulatori dell'umore» (carbamazepina e valproato), in alternativa o in associazione con i sali di litio, molto utili negli stati di eccitamento.

Nei gravi disturbi della condotta e nelle manifestazioni psicotiche dei ritardati (con allucinazioni e deliri), si usano i cosiddetti «neurolettici atipici» e cioè: il risperidone, l'olanzapina ed altri.

Se sono presenti instabilità, movimenti ripetitivi e isolamento, sembra molto efficace l'aloperidolo. I gravi disturbi del comportamento con aggressività e condotte antisociali sembrano sensibili ai farmaci neurolettici atipici e agli antiepilettici suddetti (sempre naturalmente associati agli interventi educativi e sociali).

Nei disturbi d'ansia dei ritardati si sono usate per tanto tempo le benzodiazepine, che però danno sintomi di dipendenza. Oggi si dà prevalenza ai serotoninergici, che sembrano particolarmente utili nei disturbi fobici. Bisogna controllare eventuali sintomi di eccitamento da «effetto paradosso».

La psicoterapia

Per psicoterapia (distinta da altri interventi psicologici come sono quelli educativo e psicosociale) intendiamo una tecnica di approccio complesso per i disturbi della personalità, che segue un'ipotesi di organizzazione della patologia mentale e utilizza particolari metodi di trattamento.

Le frontiere fra i campi della rieducazione, della riabilitazione, dei farmaci e della psicoterapia specifica non sono facili a tracciare. Bisogna tener presente che non è lo strumento usato che autorizza l'individuazione di un metodo bensì il tipo di relazione tra bambino e professionista.

Alcuni tratti psicopatologici specifici del ritardo mentale (ad esempio la rigidità e le stereotipie) si oppongono al lavoro di elaborazione psichica proprio dell'approccio psicoterapico.

Tuttavia quando si evidenzia un grave intreccio di disturbi affettivi e cognitivi si possono realizzare utilmente interventi psicoterapici con indirizzo cosiddetto «psicodinamico», sia in una relazione individuale che in una terapia di gruppo.

Questi approcci hanno in comune il ricorso a dei «mediatori»: ad esempio il gioco, il disegno, le espressioni artistiche, ovvero le tecniche riabilitative che concernono il corpo (ad esempio il «rilassamento»).

Con queste psicoterapie (anche alla presenza della madre nel bambino piccolo) si cerca di creare un'«area intermediaria» come quella del gioco nella quale si può sviluppare la comunicazione tra terapeuta e bambino, si possono ricercare i significati di alcuni comportamenti e di certi investimenti affettivi, si possono apprezzare i fattori psicologici che regolano il processo di sviluppo (D. Winnicott).

Ad esempio in una situazione di gioco il terapeuta, alla presenza della madre, dovrà creare un contesto adatto alla comparsa del gioco di finzione, intervenendo con interazioni e suggerimenti ma anche mostrando direttamente come si fa (ad esempio dando da mangiare alla bambola e contemporaneamente commentando il gesto in maniera chiara). In questa situazione che noi abbiamo chiamato «triadica», il terapista aiuta contemporaneamente il bambino e la madre nell'interazione.

Lo psicoterapeuta diviene capace di «accogliere» quello che proviene in modo indifferenziato dal paziente per «trasformarlo» e «restituirlo» sotto una forma assimilabile (secondo W. Bion) come fa la madre col neonato. In questo modo ciò che ritorna al bambino non solamente ha acquistato un senso, ma diviene un vettore essenziale di strutturazione del suo apparato psichico, dando la possibilità di sviluppare processi di «identificazione». Ad esempio il terapeuta organizza gli stimoli, mette in relazione il materiale prodotto dal paziente, si interpone fra il paziente e lo stimolo, sia in entrata organizzando lo stimolo, sia in uscita regolando la risposta.

Un altro tipo di psicoterapia è quella di sostegno che mira al rinforzo della immagine del Sé, delle possibilità di comprensione e controllo della realtà interna ed esterna, con diretto riferimento alla realtà della vita attuale, attivando processi di identificazione «strutturante».

Possibili obiettivi di questo intervento sono: comprendere ed accettare la propria disabilità; migliorare il controllo degli impulsi e la tolleranza alla frustrazione; esprimere sentimenti ed emozioni in modo socialmente accettabile; incrementare l'autonomia decisionale; rinforzare l'autostima e l'immagine del Sé; migliorare le competenze relazionali; imparare ad affrontare situazioni stressanti; risolvere i conflitti di dipendenza e di colpa.

Comune a tutte queste forme di psicoterapia è la necessità di un controllo delle dinamiche inconsce cosiddette «controtransferali» (cioè proprie dell'operatore). Avere a che fare con un soggetto con ridotte prestazioni intellettive attiva talvolta atteggiamenti aggressivi, che possono esprimersi in un allontanamento del terapeuta dal soggetto con ritardo mentale, e dalla sua visione del mondo.

Sono stati proposti anche interventi psicoterapici con componente verbale ridotta, quali la psicomotricità, il rilassamento, il gioco, lo psicodramma, allo scopo di superare le difficoltà degli strumenti di comunicazione dei soggetti ritardati.

Vi sono poi le tecniche di trattamento comportamentale, che non si propongono un intervento sulle strutture del pensiero, ma direttamente sui comportamenti. Ad esempio attraverso il condizionamento, che mira, con giochi di premi e punizioni, a rimuovere comportamenti disadattivi. Tali interventi hanno avuto ampia applicazione nel ritardo mentale, sia per il controllo di comportamenti gravemente disturbanti (soprattutto condotte auto o etero aggressive), sia per l'ampliamento dei livelli di autonomia personale e sociale (alimentarsi, vestirsi, andare in bagno, lavarsi, ecc.). La componente cognitiva dell'intervento comportamentale può essere variamente presente, anche in rapporto al livello intellettivo del soggetto, attraverso una progressiva consapevolezza delle proprie capacità e competenze (conoscenza metacognitiva) e l'incremento delle strategie e dei piani organizzati che il soggetto è in grado di apprendere e poi di regolare. Maggiore è il ruolo attivo della componente cognitiva nell'intervento comportamentale più alta sarà la possibilità di generalizzazione (trasferire a contesti diversi una strategia o un apprendimento acquisito) e di mantenimento (ricorso spontaneo ad una determinata strategia a distanza di tempo dalla sua acquisizione).

È indispensabile sempre fornire parallelamente un approccio psicoterapico anche alla famiglia, per far emergere e rafforzare un'alleanza terapeutica senza perdere di vista le particolarità dell'ambiente socio-familiare di provenienza.

Dopo quanto abbiamo detto possiamo brevemente riassumere che gli interventi di recupero del ritardo mentale durante l'età evolutiva dovranno essere essenzialmente educativi e sociali per stimolare le integrazioni, le maturazioni, gli arricchimenti, l'apprendimento e soprattutto per proporre modelli di confronto e di imitazione.

Ma la complessità del deficit può manifestarsi con rigidità o povertà resistenti al trattamento psicologico o con fattori emotivo-ansiosi che disturbano talora fortemente le costruzioni spontanee e l'intervento dell'ambiente. In questi casi talvolta un tentativo di correggere la base istintuale e affettiva con mezzi biologici può risultare molto utile e vincente.

Inoltre la trama strutturale che dà origine al deficit, o ne è la conseguenza, può suggerire interventi psicologici più complessi di quello educativo, e cioè la psicoterapia, per superare ostacoli, regressioni o rallentamenti e riprendere lo sviluppo e il recupero in condizioni facilitate.

9. *Gli operatori del recupero*

In famiglia

Il ritardo mentale spesso non si evidenzia alla nascita, per cui il suo accertamento è rimandato al termine della prima infanzia, quando i genitori segnalano che lo sviluppo delle prime funzioni pre-intellettive non è adeguato, perché non rispetta il calendario ben noto dello stare in piedi, del fare i primi passi senza sostegno, del pronunciare le prime parole. Ci sono altre patologie che si evidenziano in questo modo ma il ritardo psicomotorio è il più frequente esordio di un ritardo mentale. Da qui il sospetto della famiglia (spesso inespresso consapevolmente), gli accertamenti, la valutazione tecnica, l'ipotesi diagnostica, che nei primi mesi di vita tuttavia attende sempre conferma. Da questo sospetto comunque inizia una modificazione profonda dei rapporti fra il bambino e i suoi genitori: la delusione (detta «ferita narcisistica») per ritrovarsi un figlio candidato ad essere disabile, e quindi ben diverso da quello sognato e atteso, induce sconforto, sfiducia, perdita di stima e di autostima, e quindi riduce l'iniziativa e le capacità di investimento affettivo. Conseguenze frequenti anche nei genitori più consapevoli. E questo toglie al bambino qualcosa di molto importante, perché la fiducia dei genitori nelle sue capacità potenziali è la principale molla dello sviluppo.

Bisogna rendere i genitori ben consapevoli di queste modificazioni inconsce, e poi capaci di riconquistare fiducia e di assicurare un grande impegno affettivo ed educativo. Ciò si può fare con un'assidua opera di sostegno da parte di una équipe curante, con informazioni adeguate anche attraverso una «scuola per genitori» (di cui ci sono qualificate esperienze) che dovrebbe interessare soprattutto le giovani coppie. In casi particolari si richiede una vera psicoterapia di uno o di entrambi i genitori con tecniche individuali o anche con la cosiddetta «terapia della famiglia». Anche per questo occorre un'équipe, cioè un gruppo di professionisti con formazione diversa, che costituisce uno strumento indispensabile per capire e curare. Se l'équipe non è disponibile i genitori possono affidarsi a un neuropsichiatra infantile e a uno psicologo con formazione psicodinamica.

Nei casi poi in cui un ritardo è legato a malformazioni genetiche che sono evidenti fino dalla nascita (ad esempio una sindrome di Down) le conseguenze psicologiche sui genitori possono essere devastanti proprio in relazione alla precocità della diagnosi, e quindi più urgenti sono le esigenze di aiuto. La famiglia è sempre in causa, e possiamo dire che sempre ha bisogno di aiuto, specie all'inizio della scuola, durante la pubertà e al termine dell'adolescenza.

Si ricorda l'importanza e la difficoltà dei momenti di comunicazione ai familiari di una diagnosi tecnica che può includere implicitamente o esplicitamente un giudizio sulla prognosi e quindi sul futuro della stessa famiglia.

La prima comunicazione dovrebbe essere lasciata a tecnici preparati e sensibili alle reazioni palesi o inconsce dei genitori.

Nel nido e nella scuola dell'infanzia

Si tratta di esperienze precoci, molto importanti. La frequenza di un nido è sempre da valutare in rapporto al tempo disponibile della madre (che spesso oggi lavora) o di altro familiare. Il nido può essere comunque molto utile e molto stimolante, quando i familiari hanno poca iniziativa, poca speranza, o una vita povera di stimolazioni sociali (ad esempio troppa Tv). E quando nell'asilo nido ci sono educatori esperti e specializzati.

Nella prima infanzia, se lo sviluppo lascia prevedere un ritardo, bisogna assicurare al bambino un forte investimento affettivo nella relazione a due, nel gioco, degli stimoli percettivi e motori, nel linguaggio. Bisogna saper inventare ogni giorno stimoli nuovi (per il facile esaurimento degli interessi) e ripetere stimoli noti (per facilitare l'apprendimento). Bisogna proporre obiettivi di recupero funzionale e saper adottare tecniche di trattamento, anche con la collaborazione di una terapista specializzata.

Nella scuola materna, insostituibile strumento di esperienza sociale, si sviluppano le prime relazioni extra-familiari, i processi di identificazione secondaria (cioè oltre i familiari), le prime esperienze di gruppo, la stimolazione specifica dei pre-requisiti dell'apprendimento scolastico. Questi sono l'equilibrio statico, il controllo della mano, il disegno, l'analisi percettiva, la manipolazione fine, lo schema corporeo, l'analisi dello spazio, il ritmo, il linguaggio, ecc. Il ritardato rende evidenti le sue difficoltà, specie nel confronto con gli altri bambini, e ha quindi bisogno di insegnanti esperti e specializzati per proteggerlo, senza ridurre le sue esperienze, e per stimolare sempre nuove conquiste funzionali.

La storia di Luca

Un intervento precoce in una sindrome di Down

Luca è un bambino di 4 anni che frequenta la scuola materna ed è affetto da un ritardo mentale lieve da sindrome di Down.

Quando è nato presentava una malformazione cardiaca per cui è stato effettuato un intervento cardio-chirurgico a 5 mesi di età, intervento che è ben riuscito.

Fino a quel momento era stato sconsigliato dall'équipe di neuropsichiatria infantile qualsiasi trattamento riabilitativo. Tuttavia, nei mesi precedenti l'intervento, i genitori non erano stati lasciati soli, ma erano stati seguiti con colloqui informativi e di supporto dall'équipe curante.

I genitori sono giovani, di buon livello socio-culturale ed economico, hanno già due figli di 6 e 8 anni normali. Il rapporto di coppia è buono. La nascita del terzogenito con inaspettata e nota patologia ha gettato i genitori in un periodo di disperazione.

Ricordiamo che la prima comunicazione della diagnosi in ospedale è stata svolta con cautela, in un luogo appartato, ad ambedue i genitori contemporaneamente. È stato spiegato loro che la sindrome di Down non è sempre gravissima, che è associata a vari gradi di ritardo mentale, dal lieve al grave, che i bambini in genere hanno un buon adattamento sociale, che l'intervento riabilitativo deve essere precoce (in questo caso dopo la correzione chirurgica della sua malformazione cardiaca). Seguendo queste linee di trattamento Luca ha cominciato, subito dopo l'intervento, una riabilitazione psicomotoria con una terapista della neuropsicomotricità che seguiva il bambino e dava consigli di trattamento ai genitori, che potevano continuare a svolgere gli esercizi riabilitativi a casa nei momenti più opportuni. Si proponeva all'inizio un miglioramento del tono muscolare, esercizi per favorire i passaggi posturali da una posizione all'altra, stimolazione della manipolazione con materiale di gioco, stimolazioni sensoriali (tattili, termiche, olfattive) e sul versante relazionale, verbale. Luca acquisisce la posizione seduta solo a 12 mesi, ma fa rapidi progressi e a 24 mesi (cioè in ritardo di circa 8 mesi) comincia la deambulazione senza appoggio. In questo periodo inizia a pronunciare le prime parole; la terapista insiste su molti esercizi per l'acquisizione del linguaggio e sottolinea l'importanza degli scambi verbali con la madre.

A 3 anni il bambino viene inserito alla scuola materna con

un insegnante di sostegno, mentre continua il trattamento riabilitativo individuale con la terapista.

Le maestre dell'asilo notano che Luca è subito accettato favorevolmente dai coetanei, è socievole, mostra un buon adattamento all'ambiente e non ha difficoltà di relazione, anche se l'espressione verbale è un po' ritardata.

Lo psicologo esegue in questo periodo un test non verbale (Scala Leiter) che evidenzia un Qi di 0,60 confermando un deficit cognitivo, anche se «di grado lieve».

I genitori mantengono un buon rapporto con il figlio che è molto protetto anche dai fratellini maggiori. Hanno stabilito con l'équipe curante di neuropsichiatria infantile «un'alleanza terapeutica» e appaiono più fiduciosi nel processo di recupero del bambino. Sono in contatto con «l'Associazione persone Down» a cui, su suggerimento dell'équipe, si sono iscritti.

Nella scuola primaria e secondaria integrata

Si deve prendere atto che spesso il ritardato all'età di 6 anni non è pronto per l'alfabetizzazione e l'apprendimento scolastico, e certamente occorrono per lui stimoli diversi e aggiuntivi, cioè strategie specifiche, cognitive e della personalità. Siamo davanti a un dilemma: da una parte l'esigenza di un trattamento specifico e individualizzato (che ha sempre per fine il recupero e l'integrazione con gli altri), dall'altra l'esigenza di non ridurre i grandi vantaggi dell'integrazione e della socializzazione durante l'apprendimento. Molte società contemporanee in nazioni evolute hanno preferito la scelta delle scuole speciali (o classi differenziali) con vari correttivi. In Italia è prevalsa la scelta coraggiosa dell'integrazione scolastica per tutti i disabili. Il coraggio, e la parziale utopia di questa scelta, hanno permesso di privilegiare gli aspetti affettivi del gruppo, le motivazioni, i confronti, la solidarietà implicite in ogni apprendimento collettivo, nonché il grande vantaggio sociale per gli alunni normali di conoscere da vicino i compagni in difficoltà e sviluppare per loro atteggiamenti di comprensione, di sostegno, di solidarietà.

Questa soluzione, ampiamente sperimentata in Italia (spesso con successo, talvolta senza successo), prevede che il bambino ritardato (o più genericamente disabile) sia inserito in una classe normale ma possa beneficiare di strumenti speciali: anzitutto che ci sia un insegnante «di sostegno» con conoscenze e tecnologie sufficienti anche per interventi difficili; poi che questa insegnante sia assistita concretamente da una équipe di specialisti (assicurata dal servizio sanitario), per valutare le difficoltà e le strategie necessarie per ogni caso. L'insegnante di sostegno che opera nella classe ha compiti di integrare, di tradurre e a volte di sostituire le richieste scolastiche in funzione di un Piano educativo individualizzato (o Pei), elaborato insieme all'équipe e controllato nel tempo.

Questa impostazione della scuola italiana (non facile e per questo coraggiosa) ha dato, come già detto, prevalenti successi e qualche fallimento, specie quando il sostegno è stato concepito come strumento di separazione, parcheggio, rifiuto e delega degli alunni difficili.

La formula ha ricevuto comunque una grande attenzione internazionale ed è considerata come testimonianza di giustizia e di democrazia.

La storia di Giacomo

Un inserimento scolastico ben riuscito

Giacomo è un bambino di 10 anni con ritardo mentale lieve, diagnosticato a 6 anni al momento dell'ingresso alla scuola elementare.

I genitori sono apparentemente sani, il padre è operaio, la mamma casalinga. Hanno una scolarità elementare e vivono in un paese vicino alla città. Giacomo è primogenito, dopo di lui la mamma ha avuto altre due gravidanze esitate in aborto.

La gravidanza di Giacomo è stata normale e anche il parto è stato senza problemi.

Il bambino ha avuto uno sviluppo lievemente ritardato nei primi 2 anni di vita (ha acquisito la posizione seduta a 10 mesi, la deambulazione a 19 mesi), ma i genitori e il pediatra non si sono mai preoccupati.

La madre riferisce che il bimbo era un po' lento nel ritmo dello sviluppo, ma che non si era mai allarmata perché somigliava al marito, anche lui lento da piccolo, ma ora perfettamente normale.

Giacomo viene inserito alla scuola materna all'età di 3 anni. Le maestre all'inizio notano solo un comportamento un po' inibito e timido. Successivamente un certo ritardo nel linguaggio. Il patrimonio del vocabolario infatti è ridotto, ma la comprensione del linguaggio appare buona. Per quanto riguarda l'attività di apprendimento il disegno appare un po' rudimentale con scarsa organizzazione spaziale sul foglio, il gioco povero e ripetitivo. Un esame psicologico eseguito in questo periodo mostra un ritardo mentale lieve con Qiv lievemente inferiore (Qiv 0,60) a quello di performance (Qip 0,70). Normali i risultati alle prove di attenzione e di memoria.

A 6 anni viene inserito alla scuola elementare sempre con insegnante di sostegno che, a livello individuale, svolge un lavoro di arricchimento verbale (ascoltare, raccontare, riordinare brevi storie) e un training cognitivo col programma Ms-4-8 (e cioè esercizi cognitivi progressivi che si basano sulla teoria piagetiana, usati dagli psicologi e anche dagli insegnanti per il consolidamento e arricchimento delle strutture logiche).

La maestra di sostegno svolge anche un lavoro in piccolo gruppo con attività di drammatizzazione e attività ludiche per combattere l'inibizione di Giacomo e potenziarne la creatività e le abilità espressive.

Giacomo nella classe è ben accettato dai coetanei, è integrato nel gruppo e anche adattato nell'ambiente extra-scolastico e fa progressi lenti ma regolari, sia sul piano del comportamento che sul piano dell'apprendimento.

Attualmente frequenta la IV elementare e in questi anni sia l'insegnante di sostegno, sia quelle curriculari non sono mai cambiate. Forse anche per questo motivo si è visto un progresso graduale senza arresti e regressioni come frequentemente accade nei soggetti con ritardo mentale. I genitori che vengono costantemente informati dall'équipe hanno un buon rapporto col figlio, fiduciosi nelle sue possibilità di recupero. L'unica loro preoccupazione è quella che non sia stata accertata nessuna causa evidente della malattia (che probabilmente rientra in quel 35% di ritardo mentale da cause sconosciute).

Per questo bambino, vista la buona capacità di adattamento sociale e i regolari progressi sul piano cognitivo, si prevede una buona evoluzione con un buon recupero sul piano globale.

Nella scuola professionale

Finita la scuola dell'obbligo si aprono le possibilità di una scuola professionale. Bisogna ricordare che il ritardato di 15-16 anni ha capacità cognitive limitate, senza il pensiero formale o astratto (necessario per gli studi superiori). Egli può aver raggiunto un pensiero di tipo concreto, con capacità categoriali e logiche, ma non è in grado di manipolare ipotesi e deduzioni, formulare giudizi di probabilità, sviluppare giudizi originali e comportamenti complessi in autonomia. L'autonomia della sua vita appare quindi limitata perché si appoggia a nozioni e valori elementari, a condotte ben apprese, a modelli pregnanti. Questi limiti creano dei problemi di adattamento: necessità di ambienti protetti e scarsamente competitivi, necessità di impegni di lavoro «pratici», cioè basati su capacità applicate e su comportamenti eterodiretti, necessità di guida e di controllo. Questo tipo di capacità non esclude affatto intensità e finezza di sentimenti e quindi di ricchezza relazionale, non esclude possibilità di intesa, di generosità, di solidarietà (valori morali che abbiamo chiamato «assoluti»). Si tratta quindi di target pedagogici possibili, legati ad una concezione personalistica dell'uomo.

Ci troviamo davanti a due tipi di target educativi che vanno perseguiti e raggiunti nel ritardato adolescente: addestrarlo al più alto grado possibile di «produttività sociale» e di autonomia, sollecitarlo ad acquisire i valori di un codice morale autonomo.

Questi obiettivi hanno bisogno di una scuola professionale in cui si insegni una professione applicata, compatibile con le capacità possibili e gli interessi individuali di ogni ragazzo.

I criteri base di questa scuola sono quelli di trasmettere capacità e autonomia per orientare verso un buon adattamento professionale.

Un esempio di ciò è l'insegnamento ad un adolescente ritardato del «gesto professionale», cioè della gestualità necessaria ad una determinata professione. Può essere difficile o impossibile insegnare i comportamenti globali e l'autonomia necessaria della professione libera, ma si può scegliere alcune capacità settoriali, come quelle del falegname o del fabbro che, per la pittura, l'incastro, la saldatura, la verniciatura, ecc., richiedono alcuni requisiti: educazione spaziale, costanza, ritmo, controllo muscolare non acquisibili nella vita quotidiana, ma possibili all'interno di un compito circoscritto, perché fortemente legati a motivazioni sociali (la produzione, la vendita), sempre in un clima di sostegno e di valorizzazione.

Nel «laboratorio protetto» o nella «residenza sanitaria»

Il ragazzo è ormai uomo o donna. Bisogna prevedere un futuro di attività possibile che preservi e sviluppi ulteriormente le conquiste raggiunte e consenta un equilibrato adattamento sociale. Questo tipo di attività può essere raggiunto nei meno gravi attraverso l'inserimento in qualunque professione applicata, purché «protetta». Cioè assicurando una protezione contro la competitività e ogni tipo di stress, e garantendo sufficienti agevolazioni operative ed economiche.

Ma può occorrere una «protezione» maggiore, cioè l'istituzione di ambienti di lavoro sottratti alle leggi di mercato, che abbiano la prevalente finalità educativa di far lavorare i ritardati, consentendo poi in forme varie l'inserimento della loro opera nella produttività e nel mercato. Questi sono i cosiddetti «laboratori protetti», più sviluppati all'estero che in Italia.

Ci sono infine i più gravi, in cui il pensiero rimane privo anche di capacità logico-concrete, con linguaggio e relazioni molto elementari. Per loro sono istituite le cosiddette «residenze sanitarie» che perseguono finalità prevalentemente assistenziali.

Nel servizio sanitario

Il ritardo mentale deve essere ben presente, per la sua importanza e per le sue esigenze, nell'organizzazione del servizio sanitario. L'aiuto medico ha vari obiettivi essenziali. Anzitutto la comprensione delle cause prime o della costellazione di cause che determinano il ritardo (oggi sempre meglio individuabili), anche ai fini della prevenzione primaria. Poi la comprensione dei meccanismi specifici con cui si evidenzia un ritardo con le sue variabili individuali, che possono dare maggiore importanza ai difetti astrattivi precoci o al ruolo del linguaggio, all'organizzazione psicomotoria o allo sviluppo delle funzioni logiche. Queste valutazioni, suggerite anche da autonome osservazioni dell'insegnante e dello psicologo, devono trovare una sintesi interpretativa unitaria, che deve ipotizzare la struttura deficitaria dell'Io, le sue possibilità di recupero, le esperienze strategiche, le sue doti e i suoi limiti. Queste competenze sono proprie del medico specialista (il neuropsichiatra infantile) che deve avere questo tipo di preparazione con aggiornamento continuo. Il medico specialista può anche, insieme allo psicologo clinico, adottare in certi casi una «psicoterapia» del bambino ritardato, di tipo cognitivo, interpersonale, o psicodinamico, mantenendo la distinzione fra questo tipo di intervento e quello pedagogico dell'insegnante. Infine il medico specialista, come già detto, può attuare un intervento biologico (farmacologico), quando sia possibile correggere indirettamente una difficoltà prestazionale migliorando l'attenzione, diminuendo l'ansia, l'impulsività, l'iperattività, la depressione, gli aspetti psicotici. Ripetiamo che non esistono, fino ad oggi, farmaci per l'intelligenza. Questi interventi sono attuabili nelle Asl territoriali e soprattutto nelle équipe che affiancano la scuola e che comprendono insegnanti, psicologi, operatori sociali.

Bisogna ricordare che, contro opinioni diffuse, la diagnosi di ritardo mentale è sempre difficile per la sua definizione, i suoi molteplici sintomi, le indagini sulle cause prime, la sua comorbidità, le complesse strategie del recupero (sempre strettamente individualizzate). Per questo può essere prevista una fase ospedaliera e controlli periodici di *day hospital* in reparti specialistici di neuropsichiatria infantile o – in mancanza – in reparti pediatrici con consulenza del neuropsichiatra infantile.

La formazione degli operatori

Ai problemi della prevenzione, della valutazione e del trattamento dei ritardati mentali sono interessati vari professionisti di diversa cultura e competenza.

Anzitutto gli *insegnanti-educatori*, ai quali sono attribuite le maggiori responsabilità perché operatori di prima linea. Essi hanno la responsabilità di valutare (insieme con l'équipe) e di trattare le singole difficoltà e la personalità del ritardato nel suo insieme, sia utilizzando un rapporto individuale (specie attribuito agli insegnanti di sostegno) sia creando una comunicazione favorevole nel gruppo classe.

Per la formazione e l'aggiornamento degli insegnanti (dopo le esperienze storiche delle cosiddette scuole ortofreniche in prevalenza private), sono state istituiti nuovi Corsi universitari per il sostegno, sia per la fascia della scuola materna e primaria, sia per la fascia della scuola secondaria (Siss). La legislazione è attualmente mobile, e legata all'evoluzione degli ordinamenti dell'Università. Tuttavia sono state sperimentate nuove collaborazioni, molto feconde, fra le facoltà di Scienze della formazione, le facoltà di Medicina e le facoltà di Psicologia, per cui i nuovi indirizzi sembrano promettenti.

Vi sono poi i *terapisti della riabilitazione* (terapisti della neuropsicomotricità dell'età evolutiva, fisioterapisti, logopedisti) che affiancano gli insegnanti come operatori di prima linea, specie in presenza di disabilità settoriali. Essi comunque hanno sempre un ruolo complementare del lavoro educativo. Per essi l'Università ha istituito le lauree triennali che hanno qualificato molto la loro competenza.

Per la formazione dei *medici specialisti* sono istituite da molti anni le Scuole di Specializzazione in Neuropsichiatria infantile, con cattedre e servizi territoriali autonomi che costituiscono una rete di supporto capillare per tutti i disabili. Questa è la professione cardine, assolutamente essenziale per ogni valutazione e trattamento di un ritardato mentale.

Per gli *psicologi clinici*, professionisti complementari dei medici, sono attivati vari corsi di laurea specialistica, che permettono un addestramento per valutazioni analitiche delle disabilità e per assicurare un contributo prezioso alle diagnosi strutturali dell'intelligenza e della personalità.

Per gli *assistenti sociali*, che svolgono importanti ricerche sulle componenti sociali delle disabilità e sui problemi dell'integrazione, sono attivi corsi di laurea triennale.

Per i *genitori* e i *familiari* l'esperienza formativa in Italia non è molto qualificata come in altri paesi. Molti incontri sono promossi in scuole o centri di assistenza, ma mancano strutture didattiche ufficiali con questa finalità. Crediamo doveroso istituirle, riflettendo sul fabbisogno di tante famiglie volenterose, e specialmente di tanti giovani coppie che chiedono ansiosamente aiuto per non sbagliare e per fare al meglio il loro difficile mestiere educativo e riabilitativo.

Si ricorda infine l'importantissimo lavoro di sostegno e di mediazione svolto dalle associazioni dei genitori (associazioni per varie categorie di disabili, o specifiche per i principali tipi di disabilità) che affiancano l'opera dei tecnici e degli amministratori.

10. *La protezione giuridica*

Queste note sul ritardo mentale sarebbero incomplete senza una breve informazione sulla protezione giuridica dei disabili. Questa protezione è stata codificata negli ultimi decenni in sede internazionale e dallo Stato italiano, e di questa codifica riportiamo i criteri e le norme più importanti.

Il concetto giuridico di disabilità

Il concetto di disabilità è più vasto di quello definito con l'espressione ritardo mentale, perché riguarda tutte le insufficienze croniche della vita di relazione (motorie, sensoriali e mentali), anche con capacità cognitive normali. Ma, come abbiamo visto nel capitolo dell'epidemiologia, il quadro polimorfo del ritardo mentale è il più frequente e il più grave, per cui è quello più interessato alle norme sulle disabilità. È importante ricordarlo perché, nell'accezione più comune, per disabile o handicappato si intende un minorato fisico o sensoriale (gli spastici, i ciechi, i sordi, ecc.) ovvero un minorato psichico grave, specie se malformato, ma non si intende un ritardato mentale lieve o medio che è 10 volte più frequente di tutte le altre minorazioni considerate complessivamente.

Per i valori etici, conquistati nello sviluppo della nostra civiltà, la persona umana è fonte di diritti primari e inalienabili, per cui tutte le funzioni della vita di relazione (che sono attributi della persona) devono essere sviluppate e preservate e, se colpite da deficit patologici, devono essere riabilitate nei limiti del possibile.

Ma solo negli anni Sessanta, in coincidenza con una importante rivoluzione etico-sociale, filosofica e politica, si sono affermati i concetti dei diritti degli invalidi, proposti all'attenzione di tutti come diritti alla solidarietà.

In quegli anni si confermava anche il concetto e la pratica della riabilitazione, ma limitata ai cosiddetti «recuperabili» (distinti inizialmente dai cronici, socialmente passivi, che restavano oggetto di interventi discrezionali ed assistenziali).

Negli anni Settanta l'ottica viene capovolta. L'invalido viene chiamato col neologismo inglese di handicappato, per sottolineare la sua candidatura all'emarginazione e alla esclusione sociale, e quindi il ruolo e le colpe della società. Da ciò deriva che ogni intervento correttivo deve avvenire nei contesti naturali della socializzazione, e cioè nella famiglia, nella scuola di tutti, negli ambienti normali di lavoro.

Da queste premesse è derivata la lotta contro le scuole speciali, gli istituti di assistenza, gli ospedali psichiatrici, i «laboratori protetti» (appena introdotti in Italia).

I forti connotati ideologici, e in parte utopici, di questo nuovo indirizzo (cosiddetto «antipsichiatrico»), ebbero conseguenze molto importanti ma essenzialmente positive: una nuova assistenza ai disabili in famiglia, la scuola integrata con gli alunni normali (che è rimasta un modello raro e apprezzato in tutto il mondo), la chiusura degli ospedali psichiatrici come reclusori, nuove modalità di integrazione nel lavoro, la lotta su vari fronti all'emarginazione, la sensibilizzazione dell'opinione pubblica.

Si sono così riconosciuti ai disabili i diritti sanciti dalla Costituzione per tutti i cittadini, con l'obiettivo (più o meno raggiungibile) di un completo sviluppo della persona e di una piena integrazione sociale.

I problemi della riabilitazione e della integrazione restano come problemi e come impegni, ma la cornice di riferimento sembra più corretta.

Riportiamo qui di seguito le principali norme giuridiche concernenti la legislazione sulla disabilità, con particolare riguardo all'età evolutiva perché più spesso in questa fase della vita si evidenziano le difficoltà, durature o permanenti, dello sviluppo funzionale e dell'integrazione sociale. Queste norme devono essere oggetto dell'attenzione di ogni clinico (specie del neuropsichiatra infantile, dello psichiatra e del pediatra) perché interessano gli aspetti fondamentali dell'approccio medico-specialistico: la diagnosi, la terapia, la riabilitazione, nonché tutti i tipi di prevenzione. Ma interessano direttamente anche tutti gli altri specialisti, che sono parte essenziale del lavoro di équipe, e naturalmente le famiglie.

Il quadro normativo è legato a indirizzi internazionali e alle leggi dello Stato. Altre norme integrative sono emanate dalle Regioni.

Gli indirizzi internazionali

La protezione giuridica è assicurata anzitutto dall'Oms e dalle norme internazionali dell'Onu.

L'Oms pubblicò per la prima volta, nel 1980, il manuale per una classificazione riferita alle conseguenze della malattia, o delle lesioni, con titolo: *Classificazione internazionale delle menomazioni, delle disabilità e degli handicap* (Icidh), di cui riportiamo le principali definizioni.

Menomazione: qualsiasi perdita o anomalia di una struttura o di una funzione, sul piano anatomico, fisiologico e psicologico. La menomazione è caratterizzata dall'esistenza di anomalia, difetto o perdita (che può essere temporanea o permanente) di un arto, organo o tessuto od altra struttura del corpo, o di un difetto di un sistema, funzione o meccanismo del corpo, compreso il sistema delle funzioni mentali.

La menomazione rappresenta la deviazione della norma sul piano biomedico dell'individuo e rappresenta la esteriorizzazione di una condizione patologica.

Disabilità: limitazione o perdita (conseguente a menomazione) della capacità di effettuare una attività nel modo o nei limiti considerati normali per un essere umano. La disabilità è caratterizzata da eccessi o difetti nelle abituali attività, prestazioni e comportamenti, che possono essere temporanei o permanenti, reversibili o irreversibili, progressivi o regressivi.

Le disabilità possono insorgere come diretta conseguenza di menomazioni o come risposte dell'individuo, particolarmente di tipo psicologico, ad una menomazione fisica, sensoriale o di altra natura. La disabilità riguarda le capacità, intese come attività e comportamenti compositi, che sono generalmente accettate come componenti essenziali della vita quotidiana. La disabilità rappresenta la oggettivazione di una menomazione e come tale riflette disturbi a livello della persona.

Handicap: situazione di svantaggio sociale, conseguente a menomazione e/o disabilità, che limita o impedisce l'adempimento di un ruolo normale per un dato individuo in funzione di età, sesso e fattori culturali e sociali. L'handicap riguarda il valore attribuito ad una situazione od esperienza individuale quando essa si allontana dalla norma. È caratterizzato da una discordanza fra le prestazioni e le aspettative dell'individuo stesso o del particolare gruppo di cui fa parte.

L'handicap rappresenta la socializzazione di una menomazione o di una disabilità e, come tale, riflette le conseguenze per l'individuo sul piano culturale, sociale, economico ed ambientale, che nascono dalla presenza di menomazioni o disabilità.

L'Onu ha pubblicato nel 1993 un documento generale, sulle *Regole standard per l'eguaglianza di opportunità delle persone handicappate*, di cui riportiamo l'introduzione che contiene i concetti e le norme fondamentali.

Persone disabili: si stima che circa il 10% della popolazione mondiale, più di 500 milioni di persone, siano disabili, il che li rende più inclini a soffrire di svantaggi economici.

Nei paesi in via di sviluppo l'80% dei disabili vive in aree rurali isolate. Sovente essi sono fra i più poveri della comunità, con un accesso minimo, quando non addirittura inesistente, alle cure mediche, agli ospedali, ai servizi di riabilitazione o di sostegno. Quelli che hanno delle infermità fisiche sono a volte difesi dalla povertà dalla disponibilità di congegni, quali sostegni, grucce o arti artificiali, che perlomeno consentono loro di muoversi.

Gli studi rivelano che nei paesi industrializzati esiste una proporzione più elevata di persone disabili negli strati più poveri della società. Nelle famiglie povere, peraltro, la presenza di un familiare disabile crea problemi ed incrementa la pressione esercitata dal bisogno su risorse che sono già limitate.

L'Organizzazione internazionale del lavoro (Ilo) riferisce inoltre che la disoccupazione fra le persone disabili è da due a tre volte più elevata che fra le altre persone, ed è ancora più alta nei paesi in via di sviluppo. Quando hanno un lavoro, le persone disabili si trovano spesso confinate alle posizioni di livello più basso, a causa di una mancanza di istruzione ed addestramento, di una ridotta mobilità o di discriminazione. Particolarmente vulnerabili sono le donne disabili, i lavoratori immigrati ed i rifugiati – «una minoranza silenziosa priva di efficaci strumenti e gruppi di pressione», secondo quanto riportato dall'Ilo.

Sebbene la maggior parte delle persone sia destinata ad incontrare un qualche grado di disparità nel corso della propria vita, di sicuro gli anziani sono particolarmente inclini alle disparità dal punto di vista uditivo, della visione e della mobilità. Dal momento che la disabilità cresce di pari passo con l'età, la vulnerabilità di questo gruppo alle avversità economiche ed alla povertà è destinata anch'essa ad aumentare.

L'Oms ha pubblicato alla fine del 2001 una seconda versione della classificazione col titolo *Classificazione internazionale del funzionamento, la disabilità e la salute* (Icf), che è stata accettata da 191 Stati e di cui riportiamo i punti principali.

Le disabilità ed il funzionamento possono essere espressi in termini di una dialettica tra «modello medico» e «modello sociale».

Il modello medico considera la disabilità come un problema personale, causato da malattie, traumi o altre condizioni di salute che richiedono assistenza medica sotto forma di trattamento individuale.

La gestione delle disabilità è volta alla loro cura oppure all'adattamento o ad un cambiamento comportamentale. L'assistenza medica è vista come la questione prioritaria e riguarda a livello politico il solo ambito sanitario.

Il modello sociale delle disabilità considera il problema come derivante dalla società e propone l'esigenza della piena integrazione delle persone nel contesto sociale.

L'Icf è basato sull'integrazione del modello medico e del modello sociale secondo un approccio «biologico-sociale». Il ricorso a questa classificazione può facilitare le operazioni di programmazione degli interventi riabilitativi.

È stato soppresso il termine «handicap».

La protezione giuridica italiana

In Italia la protezione giuridica è assicurata anzitutto dalla «legge quadro per l'assistenza, l'integrazione sociale e i diritti delle persone handicappate» n. 104, del 5 febbraio 1992.

Art. 1. Finalità

1) La Repubblica:

a) garantisce il pieno rispetto della dignità umana e i diritti di libertà e di autonomia della persona handicappata e ne promuove la piena integrazione nella famiglia, nella scuola, nel lavoro e nella società;

b) previene e rimuove le condizioni invalidanti che impediscono lo sviluppo della persona umana; il raggiungimento della massima autonomia possibile e la partecipazione della persona handicappata alla vita della collettività, nonché la realizzazione dei diritti civili, politici e patrimoniali;

c) persegue il recupero funzionale e sociale della persona affetta da minorazioni fisiche, psichiche e sensoriali e assicura i servizi e le prestazioni per la prevenzione, la cura e la riabilitazione delle minorazioni, nonché la tutela giuridica ed economica della persona handicappata;

d) predispone interventi volti a superare stati di emarginazione e di esclusione sociale della persona handicappata.

[...]

Art. 3. Soggetti aventi diritto

1) È persona handicappata colui che presenta una minorazione fisica, psichica o sensoriale, stabilizzata o progressiva, che è causa di difficoltà di apprendimento, di relazione o di integrazione lavorativa tale da determinare un processo di svantaggio sociale o di emarginazione.

[...]

Art. 5. Principi generali per i diritti della persona handicappata

1) La rimozione delle cause invalidanti, la promozione dell'autono-

mia e la realizzazione dell'integrazione sociale sono perseguite attraverso i seguenti obiettivi:

a) sviluppare la ricerca scientifica, genetica, biomedica, psicopedagogica, sociale e tecnologica;

b) assicurare la prevenzione, la diagnosi e la terapia prenatale e precoce delle minorazioni e la ricerca sistematica delle loro cause;

c) garantire l'intervento tempestivo dei servizi terapeutici e riabilitativi;

d) assicurare alla famiglia della persona handicappata un'informazione di carattere sanitario e sociale;

e) assicurare nella scelta e nell'attuazione degli interventi sociosanitari la collaborazione della famiglia, della comunità e della persona handicappata;

f) assicurare la prevenzione primaria e secondaria in tutte le fasi di maturazione e di sviluppo del bambino e del soggetto minore;

g) attuare il decentramento territoriale dei servizi;

h) garantire alla persona handicappata e alla famiglia adeguato sostegno psicologico e psicopedagogico;

i) promuovere, anche attraverso l'apporto di enti e di associazioni, iniziative permanenti di informazione e di partecipazione della popolazione;

l) garantire il diritto alla scelta dei servizi ritenuti più idonei anche al di fuori della circoscrizione territoriale;

m) promuovere il superamento di ogni forma di emarginazione e di esclusione sociale.

[...]

Seguono molte altre norme su: handicap grave, integrazione scolastica, formazione professionale, inserimento al lavoro, barriere architettoniche, agevolazioni fiscali, procedimenti penali.

Per la protezione giuridica vigente in Italia dei minori con ritardo mentale (e più vastamente di tutti i disabili) riportiamo in breve riassunto alcune leggi o norme che riguardano l'inserimento nella scuola e nel lavoro.

La scuola

In base alle disposizioni legislative e normative riferite, e in particolare alla legge n. 104 del 1992, e al d.p.r. 24.02.1994, sintetizziamo le norme sui compiti della scuola nell'accertamento della disabilità e per quanto riguarda i piani di recupero.

Il diritto all'istruzione e all'integrazione scolastica. Si fonda sugli artt. 3, 34 della Costituzione; l'alunno disabile può frequentare la scuola dell'obbligo anche sino al compimento del 18° anno di età (legge 104/1992, art. 14, comma 1). Inoltre può essere consentita una terza ripetenza in singole classi. Agli alunni disabili si applicano le norme previste per l'integrazione nella scuola di base (legge n. 9 del 20.1.1999). La frequenza non può, comunque andare oltre il 18° anno (sentenza Corte costituzionale n. 226 del 4.7.2001). L'eventuale assolvimento dell'obbligo può essere assolto nei corsi d'istruzione per adulti che dovranno, pertanto, garantire le medesime facilitazioni previste dalle istituzioni scolastiche (ad esempio insegnanti di sostegno, ausili tecnologici, ecc.).

La sentenza della Corte costituzionale n. 215/1988 estende il diritto alla frequenza scolastica anche agli istituti secondari di secondo grado. Per l'esercizio del diritto all'istruzione la normativa prevede:

1) la nomina di docenti specializzati;

2) l'elaborazione di una documentazione specifica finalizzata a un intervento individualizzato (Diagnosi funzionale, Profilo dinamico funzionale, Piano educativo individualizzato).

Per l'esercizio del diritto alla frequenza scolastica la normativa prevede l'elaborazione di una documentazione specifica finalizzata ad un intervento individualizzato.

La certificazione e la diagnosi funzionale (Df). È il documento che certifica sul versante sanitario l'handicap e deve contenere elementi clinici, elementi psicosociali, difficoltà e potenzialità dell'alunno, nonché «la descrizione analitica della compromissione funzionale dello stato psicofisico dell'alunno handicappato» (d.p.r. 24.02.1994, art. 3). Essa è redatta prima dell'iscrizione o dopo la segnalazione, dall'Unità multidisciplinare dell'Asl composta dallo specialista della patologia invalidante, dal neuropsichiatria infantile, dal terapista della riabilitazione e da operatori sociali. I contenuti della Df, che ha il carattere di temporaneità e transitorietà, sono: anamnesi familiare; aspetti clinici (anamnesi fisiologica e patologica, diagnosi clinica); aspetti psicosociali (area cognitiva, affettivo relazionale, linguistica, sensoriale, motorio-prassica, neuropsicologica, autonomia).

Una sintesi della Df costituisce la premessa per la redazione del profilo dinamico funzionale.

Il profilo dinamico funzionale (Pdf). È la descrizione delle difficoltà e dello sviluppo potenziale dell'alunno handicappato nei tempi brevi (sei mesi) e medi (due anni) (d.p.r. 24.2.1994, art. 4). Il Pdf è il documento che fa seguito alla Df, viene redatto da un gruppo di lavoro misto composto dell'Unità multidisciplinare, dai docenti curriculari, dal docente di sostegno e dai genitori dell'alunno; i suoi contenuti riguardano: l'asse cognitivo, l'affettivo relazionale, il comunicazionale, il linguistico, il sensoriale, il motorio prassico, il neuropsicologico.

Per ogni asse va analizzato il funzionamento e il prevedibile livello di sviluppo.

Fonti per la redazione del Pdf sono: la diagnosi funzionale, il fascicolo personale dell'alunno, le informazioni della scuola precedente, le informazioni della famiglia, le osservazioni sistematiche.

Il Pdf è soggetto a verifiche, per un bilancio diagnostico e prognostico, in media ogni biennio: alla fine della seconda elementare, alla fine della quarta elementare, alla fine della seconda media, alla fine del biennio e del quarto anno del superiore. Si procede altresì ad un suo aggiornamento: alla fine della scuola dell'infanzia, della scuola elementare, della scuola media, durante la scuola superiore.

Il documento ha valore amministrativo, in esso vengono infatti indicate le ore di sostegno e l'area disciplinare del docente di sostegno.

Una sintesi del Pdf costituisce la «premessa» per la relazione del Piano educativo individualizzato.

Il piano educativo individualizzato o personalizzato. È il documento nel quale vengono descritti gli interventi finalizzati alla piena realizzazione del diritto all'educazione, all'istruzione ed all'integrazione scolastica (d.p.r. 24.2.1994, art. 5).

Al Pei o Pep provvede un gruppo di lavoro operativo costituito da: operatori designati dall'Asl, insegnanti curriculari, docente di sostegno, genitori dell'alunno e rappresentanti istituzionali che se ne occupano.

Esso viene redatto all'inizio di ciascun anno scolastico ovviamente dopo un periodo di osservazione e deve prevedere: gli interventi educativi per l'area socio-affettiva e psico-motoria, gli interventi didattici per l'area linguistico-comunicativa, logico-matematica, tecnico-pratica e le singole discipline.

Il Pei è soggetto a verifiche ordinarie trimestrali/quadrimestrali e, straordinarie da parte del Glho.

Il lavoro

La legge del 12 marzo 1999, n. 68 si applica:

a) alle persone in età lavorativa affette da minorazioni: fisiche, psichiche, sensoriali, portatori di handicap intellettivo, che comportino una riduzione della capacità lavorativa superiore al 45% accertata dalle competenti commissioni per il riconoscimento dell'invalidità civile sulla base della classificazione internazionale delle menomazioni elaborata dall'Oms;

b) alle persone invalide del lavoro, riduzione della capacità lavorativa superiore al 33%, accertamento Inail;

c) alle persone non vedenti o sordomute così come definite dalle leggi 381/70, 382/70;

d) alle persone invalide di guerra e civili di guerra, e invalide per servizio con minorazione dalla 1ª all'8ª categoria (tabelle, d.p.r. 915/78).

L'accertamento delle condizioni di disabilità per il diritto all'inserimento lavorativo è effettuato dalle Commissioni di cui all'art. 4 della legge 104/92 (quelle che attribuiscono il riconoscimento di «persona handicappata»), secondo i criteri indicati dall'atto di indirizzo e di coordinamento del presidente del Consiglio dei ministri del 13 gennaio 2000.

L'attività della commissione è finalizzata a formulare una diagnosi funzionale volta a individuare la capacità globale per il collocamento lavorativo della persona disabile.

La diagnosi funzionale è la descrizione analitica della compromissione funzionale dello stato psico-fisico e sensoriale del disabile. La diagnosi si basa sui dati anamnestico-clinici, personali e medici.

L'accertamento delle condizioni di disabilità comporta la definizione della capacità globale attuale e potenziale della persona e l'indicazione delle conseguenze derivanti dalle menomazioni in relazione all'apprendimento, alla vita di relazione e all'integrazione lavorativa.

Questa è una rassegna sintetica sulle norme internazionali e italiane vigenti che concernono la disabilità, ma l'evoluzione del concetto e del termine ha permesso negli ultimi anni lo sviluppo iniziale di una normativa più adeguata, che appare comunque fluida e perfettibile, nonché da integrare in sede applicativa da parte delle autorità regionali.

Ricordiamo la grande importanza medico-giuridico-sociale di questo problema e il suo legame con la medicina psichiatrica. Perché sempre, anche nei casi di disabilità fisiche o sensoriali, l'aspetto prevalente è quello di un *vulnus* alle funzioni della vita di relazione, che compromette in modo più o meno grave lo sviluppo di un mondo soggettivo autonomo e integrato nella società. Per questo la prevenzione secondaria, la riabilitazione e le difese normative devono preservare e ricostruire, per quanto possibile, le «funzioni relazionali» nella società contemporanea.

Conclusioni

Vorremmo concludere questa breve sintesi sul ritardo mentale ricordando alcuni aspetti essenziali delle nostre riflessioni:

1) l'importanza unica di questo quadro patologico che si manifesta precocemente nella specie umana e che può durare per tutta la vita;

2) l'interesse centrale per lo studio dei meccanismi del ritardo, biologici e psicologici, anche perché essi possono contribuire enormemente alla comprensione dello sviluppo della mente;

3) la speranza che sia possibile nel prossimo futuro introdurre nel cervello nuovi fattori di organizzazione, rivolti al recupero e alla prevenzione dei disturbi secondari.

Lo studio del ritardo, cioè dell'insufficienza di sviluppo della mente, pone in nuova luce il grande mistero dell'intelligenza umana, funzione di vertice della natura, condizione essenziale dello sviluppo individuale, della specie e della società.

L'insieme di attitudini e capacità che chiamiamo «intelligenza» rende possibile una conoscenza complessa del mondo, un autonomia relativa della propria condotta, un sufficiente adattamento all'ambiente circostante.

Queste capacità rappresentano l'ultima tappa dello sviluppo umano e il ponte fra il biologico e lo spirituale (o metabiologico), e quindi l'essenza stessa dell'uomo. Per questo il loro sviluppo difettoso, che costituisce il ritardo mentale, non è un sintomo fra i tanti, più o meno rilevanti, ma è la malattia più grave immaginabile, anche se non ha, di per sé, altri sintomi somatici e non costituisce un pericolo per la vita.

Gli studi sul cervello, oggetto di molte scienze biologiche, hanno dimostrato che questa struttura è enormemente complessa perché sostenuta da 100 miliardi di cellule specializzate (i neuroni), legate fra di loro da un numero astronomico di connessioni (i legami sinaptici), e da un gran numero di sostanze trasmettitrici.

Il cervello è una macchina di elaborazione dell'esperienza, creatrice di sintesi originali che trascendono l'esperienza stessa e che gli uomini hanno chiamato sapienza e saggezza. Queste sintesi producono intuizioni conoscitive e affettive che arricchiscono ogni relazione e ogni progresso, e possono cristallizzarsi nelle forme estetiche della produzione artistica.

La base biologica, selezionata e affinata nello sviluppo della specie durante milioni di anni per stimoli congiunti dei geni e dell'ambiente, appare straordinariamente solida ed efficiente, ma anche possibile bersaglio di molti fattori patogeni, e quindi relativamente fragile, proprio per la sua complessità. Le conseguenze possono essere quelle di un arresto parziale del progetto filogenetico della «ominazione» che costituisce il ritardo mentale.

L'insieme dei fattori fisici, biologici e psicologici che costituisce l'ambiente fino dalla vita uterina, ha influenza determinante come fattore costitutivo della vita mentale (per cui ogni uomo è figlio della società e del tempo che lo ha generato).

Se l'ambiente è povero o distorto si può avere oltre alla carenza dei necessari stimoli educativi e culturali, anche un vero effetto di distorsione sull'espressività dei geni e sulla formazione dei circuiti cerebrali.

Il risultato di questi fattori concorrenti determina la qualità delle funzioni mentali superiori, e cioè delle capacità di apprendimento e di giudizio.

- Un bambino ha capacità analoghe (cioè equipotenti) a quelle degli altri bambini della sua età, anche se diverse per qualità di messaggio genetico, esperienza ed educazione ricevuta, e per capacità di impiego: ad esempio capacità più pratiche o più verbali. È un bambino normale.

- Un altro bambino ha capacità attuali inferiori alla media per difetto di cultura e di adattamento ma potenzialmente analoghe, cioè compensabili con nuove esperienze. È un bambino normale.
- Un terzo bambino ha capacità inferiori alla media, con insufficienza e distorsione degli strumenti di giudizio legati all'organizzazione cerebrale. È un bambino patologico e rientra nel «ritardo mentale».

L'ipotesi che oggi si prospetta è quella che sia possibile modificare in misura significativa le condizioni del bambino ritardato, sfruttando la spinta filogenetica di ogni essere umano verso poteri sempre più astratti, la plasticità del suo cervello, le nuove esperienze dell'intervento riabilitativo, e – perché no – la futura farmacoterapia.

È un'ipotesi che bisogna affrontare, non come una chimera o una illusione consolatrice, ma come un possibile intervento specifico (molto più specifico degli interventi attuali) basato sulla conquista di nuove spinte motivazionali e sulle possibilità di modificare la struttura cerebrale. Per una migliore convergenza fra l'impegno valutativo e l'impegno educativo, ci sono ora interessanti sviluppi di collaborazione fra medici, psicologi e pedagogisti. L'auspicio è che le Scuole di Pedagogia, che hanno grandi meriti culturali e che storicamente sono state protagoniste di tante scoperte sul ritardo mentale, possano elaborare in forme culturalmente autonome le nuove conoscenze ora disponibili e suggerire strategie nuove di pedagogia del recupero.

Le correnti di pensiero che vanno sotto il nome di *personalismo* hanno messo bene in evidenza la costruzione di un mondo soggettivo relativamente autonomo che si costruisce nell'arco della vita, mantenendo strutture mentali tipiche di ogni individuo, relativamente stabili ma modificabili dall'esperienza e dalla cultura. La *persona* così costruita mantiene la sua struttura, e quindi la sua dignità, anche nel ritardo mentale.

A fronte delle ridotte capacità adattive, tipiche del ritardo, la possibile ricchezza di affetti e di sentimenti, l'esperienza soggettiva di un certo grado di autonomia della condotta, la partecipazione affettiva alla vita familiare e sociale, costituiscono una realtà psicologica di grande valore. E soprattutto la spinta genetica verso i vertici della mente trasmessa ad ogni essere umano, persistente in ogni patologia, costituisce il risultato insopprimibile dello sviluppo della specie, più o meno contrastato da fattori patogeni, più o meno favorito da ambienti protettivi e da sostegni riabilitativi.

Pertanto se il cervello, anche leso, mantiene una grande forza di sviluppo e di organizzazione funzionale (rivelando spesso imprevedibili plasticità) l'ordinamento e l'arricchimento dell'ambiente in funzione del massimo recupero possibile costituisce uno spazio fecondo per ogni intervento riabilitativo.

In questo spazio collochiamo la nostra concezione personalista, la nostra fiducia nell'uomo e la nostra speranza.

Per saperne di più

La letteratura sul ritardo mentale è ricchissima: dal volume settecentesco *Il selvaggio dell'Aveyron* del pedagogista J. Itard, che cercò di rieducare un ragazzo selvaggio trovato nei boschi dell'Aveyron e iniziò così l'epoca di rieducazione psicopedagogica dei bambini disabili, fino ai moderni trattati di genetica del ritardo mentale in cui sono descritte moltissime sindromi dismorfogenetiche, associate al ritardo mentale, ogni giorno in aumento (circa 750 attualmente).

Per gli aspetti genetici del ritardo mentale e precisamente per lo studio dei «fenotipi comportamentali» (termine coniato nel 1972, che si riferisce alla relazione fra specifici disturbi genetici e specifici aspetti del comportamento) è utile consultare il volume, a cura di R. Vianello, di E. Dykens, R.M. Hodapp e B.M. Finucane, *Ritardo mentale: sindromi a base genetica*, Bergamo, Ed. Junior, 2002. Nel libro fra le moltissime sindromi a base genetica gli autori scelgono di approfondire le sindromi più frequenti e precisamente la sindrome di Down, di Williams, dell'X-fragile di Prader Willi. Più sinteticamente illustrano le sindromi di Rubistein-Taybi, di Smith-Magens, di Angelmann, del Cri du Chat e la sindrome velocordiale.

Gli autori considerano le differenze psicologiche fra le varie sindromi specie in relazione a questi parametri: gravità del ritardo mentale; profilo delle competenze verbali e non verbali, prestazioni di memoria a breve termine simultanea o sequenziale, stabilità del Qi nel tempo, competenze cognitive specifiche (come ad esempio, riconoscimento dei volti umani, competenze spaziali, ecc.). Nel libro sono descritti inoltre gli aspetti emotivi, affettivi, sociali, comportamentali associati alle varie sindromi genetiche con dati numerosi ed ipotesi interessanti.

Per i lettori interessati ai lavori di origine francese segnaliamo il libro di R. Misès, R. Perron e R. Salbreux, *Rétard et troubles de l'intelligence de l'enfant*, Paris, Esf, 1994.

Si tratta di una trattazione completa sul ritardo mentale iniziando dalla storia dei modi d'approccio conoscitivo fino agli interventi sul bambino e sull'ambiente. Un capitolo che non si trova sugli altri libri qui menzionati è quello relativo agli studi psicodinamici dove Misès e collaboratori descrivono l'importanza dei fattori affettivi nel determinismo del deficit cognitivo e illustrano la loro classificazione strutturale e non psicometrica (basata solo sul Qi) dei deficit armonici e disarmonici, classificazione molto usata nei paesi francofoni.

Per avere un panorama aggiornato su tutti gli aspetti del ritardo mentale il lettore può consultare il numero monografico del «Giornale di neuropsichiatria dell'età evolutiva» (agosto, 2003), organo della Società italiana di neuropsichiatria dell'infanzia e dell'adolescenza (Sinpia), interamente dedicato al ritardo mentale. Questo numero comprende articoli sulla genetica, l'epidemiologia, l'etiopatogenesi, sulle metodiche di valutazione neuropsicologica, sugli aspetti psicopatologici e psichiatrici e infine sulle tecniche di trattamento e sulla legislazione attuale. Gli autori sono tutti ricercatori italiani esperti dell'argomento (M. De Negri, P. Pfanner, D. Riva).

Per la valutazione delle varie disabilità ricordiamo il trattato di S. Soresi, L. Nota, J. Rondal e T.M. Sgaramella, *Valutazione delle disabilità*, 2 voll., Pordenone, Erip, 2002.

In questi volumi, dopo aver riassunto alcuni problemi di natura metodologica sulla tecnica della misurazione psicologica e dei test psicometrici, vengono presentati in modo completo e aggiornato vari strumenti di valutazione: da quella neuropsicologica, a quella psicopatologica, a quella dell'adattamento e delle abilità sociali. Nell'ultima parte del volume vengono riassunti anche i metodi di valutazione delle capacità lavorative nel ritardato mentale adulto e la valutazione della qualità della vita. Relativamente ai criteri e alle metodiche del trattamento del ritardo mentale ricordiamo il volume a cura di S. Soresi, *Disabilità, trattamento, integrazione*, Pordenone, Erip, 2003, dedicato al trattamento e all'integrazione sociale di soggetti con varie disabilità (motorie, cognitive, neuropsicologiche, visive). Fra le varie sindromi sono ampiamente trattati alcuni aspetti del ritardo mentale. Segnaliamo specialmente l'esauriente trattazione di J. Rondal sullo *Sviluppo e funzionamento del linguaggio*, con la descrizione accurata delle caratteristiche del linguaggio in varie sindromi specifiche con ritardo mentale; il saggio di L. Nota e S. Soresi sulla *Psicopatologia del ritardo mentale*, e quello, sempre degli stessi autori, sulle *Attività della vita quotidiana*.

Un libro che riassume le linee di intervento per terapisti, genitori, insegnanti con molti esempi clinici che chiariscono gli obiettivi, le modalità e la valutazione-verifica del trattamento nei casi specifici, è quello a cura di S. Bargagna, *Il ritardo mentale in età evolutiva*, Pisa, Ed. Del Cerro, 2001. Hanno partecipato alla stesura di questo libro molti ricercatori dell'Irccs Stella Maris (Pisa), che da molti anni si occupa di riabilitazione delle disabilità neuropsichiche in età evolutiva.

Per quanto riguarda gli aspetti più strettamente psicopatologici del ritardo mentale è utile la lettura del testo di E. Zigler e D. Bennet-Gates, *Sviluppo della personalità in individui con ritardo mentale*, Bergamo, Ed. Junior, 2002.

Questo libro è un omaggio a Edward Zigler che ha dedicato gran parte della sua vita allo studio del ritardo mentale. Gli studi di Zigler chiariscono il modo in cui l'intelligenza influenza sia la competenza e le prestazioni, sia il pattern di funzioni che costruiscono la personalità. Con i suoi collaboratori Zigler ha elaborato numerose situazioni che permettono la verifica di ipotesi sullo sviluppo della personalità e sugli aspetti motivazionali nel bambino ritardato. Inoltre ha approntato un questionario

(Ezpq) utile per valutare gli aspetti motivazionali e di personalità.

Sempre in relazione agli aspetti psicopatologici e specialmente alla descrizione dei disturbi psichiatrici nel ritardo mentale (depressione, ansia, Adhd, schizofrenia, mania, ecc.) quattro volte più frequenti che nei soggetti normali citiamo il saggio di G. Masi, M. Marcheschi e P. Pfanner, *Ritardo mentale*, che compare nel *Trattato italiano di psichiatria*, Milano, Masson, 1999, a cura di G.B. Cassano *et al.*

Il tema dell'integrazione sociale dei disabili è trattato nei suoi vari aspetti in un numero della rivista «Saggi – Child Development and Disabilities», *Disabilità ed integrazione nel pensiero di Giorgio Moretti,* n. 4, 2003. L'argomento viene riproposto partendo da scritti inediti di Giorgio Moretti, recentemente scomparso. Moretti aveva dedicato con passione e competenza gran parte della sua vita e della sua ricerca scientifica al lavoro clinico e allo studio del ritardo mentale nei bambini e negli adulti ed il suo pensiero risulta ancora attuale e convincente. Moretti riteneva che bisogna «guardare oltre la disabilità per vedere la persona». Questa idea apparentemente semplice può esserci utile sia sul piano strategico, ma specialmente su quello etico-antropologico. Nella rivista sono raccolti scritti sugli aspetti antropologici e culturali dell'integrazione del disabile, sull'analisi del concetto di socializzazione, sulle prospettive tecniche e politiche dell'inserimento scolastico, sulla disabilità nell'età adulta e infine sulla formazione professionale della persona disabile e sul significato del lavoro.

farsi un'**idea**

Europa

L'Unione europea, *di Piero S. Graglia*
L'allargamento dell'Unione europea, *di Enrico Letta*
L'Europa a venticinque, *di Enrico Letta*
Il Parlamento europeo, *di Luciano Bardi e Piero Ignazi*
Il mercato unico europeo, *di Roberto Santaniello*
L'euro, *di Lorenzo Bini Smaghi*
La Banca centrale europea, *di Francesco Papadia e Carlo Santini*

Politica e istituzioni

Lo stato e la politica, *di Paolo Pombeni*
Lo Stato di diritto, *di RobertoBin*
Il federalismo, *di Sofia Ventura*
Il governo delle democrazie, *di Augusto Barbera e Carlo Fusaro*
La classe politica, *di Gianfranco Pasquino*
I partiti italiani, *di Piero Ignazi*
La Costituzione, *di Valerio Onida*
Il presidente della Repubblica, *di Carlo Fusaro*
Il governo della Repubblica, *di Piero Calandra*
La Corte costituzionale, *di Alfonso Celotto*
La legge finanziaria, *di Luca Verzichelli*
La pubblica amministrazione, *di Marco Cammelli*
Le Regioni, *di Raffaele Bifulco*
Il governo locale, *di Luciano Vandelli*
La burocrazia, *di Guido Melis*
La giustizia in Italia, *di Carlo Guarnieri*
La giustizia amministrativa, *di Guido Corso*
La giustizia penale internazionale, *di Salvatore Zappalà*
La Nato, *di Marco Clementi*

Economia

L'economia italiana, *di L. Federico Signorini e Ignazio Visco*
Il debito pubblico, *di Ignazio Musu*
Concorrenza e antitrust, *di Alberto Pera*
Le autorità indipendenti, *di Fabio Merusi e Michele Passaro*
La moneta, *di Andrea Terzi*
La banca, *di Giuseppe Marotta*

Le assicurazioni, *di Giovanni Cucinotta e Laura Nieri*
La Borsa, *di Francesco Cesarini e Paolo Gualtieri*
I fondi pensione, *di Riccardo Cesari*
L'agricoltura in Italia, *di Roberto Fanfani*
L'industria italiana, *di Magda Bianco*
Il commercio in Italia, *di Luca Pellegrini*
Nonprofit, *di Gian Paolo Barbetta e Francesco Maggio*
Il made in Italy, *di Marco Fortis*
Il Fondo monetario internazionale, *di Giuseppe Schlitzer*
Il Wto, *di Antonio Parenti*
La new economy, *di Elena Vaciago e Giacomo Vaciago*
Globalizzazione e sviluppo, *di Federico Bonaglia e Andrea Goldstein*

Società

La popolazione del pianeta, *di Antonio Golini*
Gli immigrati in Italia, *di Asher Colombo e Giuseppe Sciortino*
Le nuove famiglie, *di Anna Laura Zanatta*
L'adozione, *di Luigi Fadiga*
La scuola in Italia, *di Marcello Dei*
L'università in Italia, *di Giliberto Capano*
Il rendimento scolastico, *di Giancarlo Gasperoni*
Occupati e disoccupati in Italia, *di Emilio Reyneri*
I new global, *di Donatella della Porta*
Gli scout, *di Mario Sica*
Il giornale, *di Paolo Murialdi*
La televisione, *di Enrico Menduni*
La pubblicità, *di Annamaria Testa*
I sondaggi, *di Mauro Barisione e Renato Mannheimer*
Droghe e tossicodipendenza, *di Simonetta Piccone Stella*
Storia dell'aborto, *di Giulia Galeotti*

Religione

L'induismo, *di Giorgio Renato Franci*
Il buddhismo, *di Giorgio Renato Franci*
Gli ebrei, *di Piero Stefani*
I musulmani, *di Paolo Branca*
Gli ortodossi, *di Enrico Morini*
La Bibbia, *di Piero Stefani*
Il Corano, *di Paolo Branca*
Il giubileo, *di Lucetta Scaraffia*
I preti, *di Marcello Offi*
Comunione e liberazione, *di Salvatore Abbruzzese*
New Age, *di Luigi Berzano*
Le sette, *di Enzo Pace*

Psicologia

La mente, *di Paolo Legrenzi*
Creatività e innovazione, *di Paolo Legrenzi*
Il linguaggio, *di Patrizia Tabossi*
La memoria, *di Anna Maria Longoni*
Decidere, *di Rino Rumiati*
Mentire, *di Luigi Anolli*
L'infanzia, *di Luigia Camaioni*
Il bambino va a scuola, *di Guido Petter*
Gli adolescenti, *di Augusto Palmonari*
Invecchiare, *di Renzo Scortegagna*
Attaccamento e amore, *di Grazia Attili*
La felicità, *di Paolo Legrenzi*
L'ottimismo, *di Luigi Anolli*
L'autostima, *di Maria Miceli*
La timidezza, *di Giovanna Axia*
La vergogna, *di Luigi Anolli*
Sentirsi in colpa, *di Paola Di Blasio e Roberta Vitali*
Arrabbiarsi, *di Valentina D'Urso*
La paura, *di Maria Rita Ciceri*
Stereotipi e pregiudizi, *di Bruno M. Mazzara*
Stare in gruppo, *di Giuseppina Speltini*
Il conformismo, *di Angelica Mucchi Faina*
Comunicazione e persuasione, *di Nicoletta Cavazza*
Le buone maniere, *di Valentina D'Urso*
Lo stress, *di Mario Farnè*
L'ansia, *di Mario Farnè*
Disturbi psicosomatici, *di Giancarlo Trombini e Franco Baldoni*
La depressione, *di Giovanni Jervis*
Anoressie e bulimie, *di Massimo Cuzzolaro*
Le difficoltà di apprendimento a scuola, *di Cesare Cornoldi*
Bambini disattenti e iperattivi, *di Gian Marco Marzocchi*
La dislessia, *di Giacomo Stella*
Il ritardo mentale, *di Pietro Pfanner e Mara Marcheschi*
Ragazzi violenti, *di Filippo Muratori*

Scienza e ambiente

Lo sviluppo sostenibile, *di Alessandro Lanza*
Ricerca & Sviluppo, *di Giorgio Sirilli*
L'energia pulita, *di Pietro Menna*
Il cambiamento climatico, *di Alessandro Lanza*
Le biotecnologie, *di Marcello Buiatti*
La procreazione assistita, *di Carlo Flamigni*
I farmaci, *di Stefano Cagliano e Alessandro Liberati*